I0774913

Transtorno Bipolar

Princípios Básicos

Marcus Deminco

Copyright © 2019 - Marcus Deminco
Todos os Direitos Reservados | Salvador – Bahia – Brazil
ISBN: 9781688553705
Independently Published

Proibida a reprodução total ou parcial, por qualquer meio ou processo, inclusive quanto às características gráficas e/ou editoriais. A violação de direitos autorais constitui crime (Código Penal, art. 184 e Parágrafos, e Lei nº 6.895, de 17/12/1980) sujeitando-se à busca e apreensão e indenizações diversas (Lei nº 9.610/98).

SUMÁRIO

Sobre o Autor

Marcus Deminco (Salvador-BA. 28/Set/76). Escritor e Psicólogo brasileiro. Doutor Honoris Causa em Transtorno do Déficit de Atenção com Hiperatividade (TDAH) Practitioner e Tutor de Programação Neurolinguística (PNL); autor de artigos científicos no Portal dos Psicólogos (O maior Site sobre Psicologia em Portugal). Além de ser dono de diversas frases — textos e pensamentos compartilhados em sites e redes sociais. Entre seus escri-tos, o propalado texto Por que ler Paulo Coelho? – texto bastante elogiado pelo próprio autor. Marcus Deminco é também autor dos Livros:

1. EU & MEU AMIGO DDA – Autobiografia de um Portador do Distúrbio do Déficit de Atenção.

2. O Segredo de Clarice Lispector. (Portuguese Edition)

3. The Secret of Clarice Lispector (English Edition)

4. El Secreto de Clarice Lispector (Spanish Edition)

5. VERTYGO – O Suicídio de Lukas (Portuguese Edition)

6. VERTYGO – The Suicide of Lukas. (English Edition)

7. Helen Palmer – Uma Sombra de Clarice Lispector (Portuguese Edition)

8. Helen Palmer — A Shadow of Clarice Lispector (English Edition)

9. Programação Neurolinguística – Começando pelo começo (Portuguese Edition)

10. Neuro-Linguistic Programming — Beginning by the Beginning (English Edition)

11. Mensagens para Postar, Curtir & Compartilhar. Vol. 1

12. Mensagens para Postar, Curtir & Compartilhar. Vol. 2

13. Mensagens para Postar, Curtir & Compartilhar. Vol. 3

14. Coleção de textos em E-Cards. Vol. 1

15. Coleção de Textos em E-Cards. Vol. 2

16. Compilação de Textos & Contos Reflexivos (Portuguese Edition)

Prêmios, Títulos & Homenagens

a) Autor do texto Estafeta Sem Rumo do Prêmio Cecílio Barros Pessoa de Antologia – Academia Cabista de Letras, Artes e Ciências de Arraial do Cabo – RJ.

b) Doutor Honoris Causa em TDAH pela Brazilian Association of Psychosomatic Medicine em reconhecimento a contribuição científica e relevância social do livro: Eu & Meu Amigo DDA - Autobiografia de um Portador do Distúrbio do Déficit de Atenção.

c) Autor de um dos textos vencedores do Prêmio de Poesia contemporânea "Além da Terra, Além do Céu" — Realizado pela Editora Chiado.

d) Um dos autores selecionados, com o Texto "A Atormentação Criadora" para o Sarau Brasil 2018 — Concurso Nacional de Novos Poetas — Realizado pela Vivara Editora Nacional.

Fale com Marcus Deminco

E-mail: marcusdeminco@gmail.com
Website: http://marcusdeminco.com/
Blog: http://marcusdeminco.blogspot.com.br/
Twitter: https://twitter.com/marcusdeminco
Facebook: https://www.facebook.com/marcus.deminco
Pinterest: https://www.pinterest.com/marcusdeminco/
Instagram: @marcusdeminco
Youtube: https://www.youtube.com/channel/UCRu8yfSoLewjuX6GO6o7Nmw
G+: https://plus.google.com/u/0/114858320913983491464
Tumblr: http://deminco.tumblr.com/
Flickr: https://www.flickr.com/photos/143729713@N06/with/28004881736/
GoodReads: https://www.goodreads.com/author/show/7792932.Marcus_Deminco/
Pensador: https://pensador.uol.com.br/autor/marcus_deminco/

Aspectos Históricos

Os termos "mania" e "melancolia" remontam a vários séculos antes de Cristo e, ainda hoje, correspondem aproximadamente a seus conceitos originais. Embora mais abrangentes e imprecisos, em seus aspectos principais, lembram muito as descrições do que hoje se chama doença bipolar. Entre os antigos, estudos mostram que foi Araeteus da Capadócia, que viveu em Alexandria no século I depois de Cristo, quem escreveu os principais textos que chegaram aos dias atuais, referentes à unidade da doença maníaco-depressiva.

No capítulo V de seu livro Sobre a Etiologia e Sintomatologia das Doenças Crônicas, Araeteus escreveu: "Penso que a melancolia é o início e, como tal, parte da mania [...] O desenvolvimento da mania é o resultado da piora da melancolia, em vez de se constituir na mudança para uma doença diferente". Mais explicitamente, escreveu: "Na maioria dos melancólicos a tristeza se torna melhor depois de variados períodos de tempo, e se converte em alegria; os pacientes então desenvolvem o que se chama de mania". (AKISKAL, 1996 apud DEL-PORTO; DEL-PORTO, 2005).

> Na antiguidade, Hipócrates já descrevia a melancolia (usando-a como sinônimo de depressão) e a mania, mas não propunha a união entre os dois quadros. Segundo ele, as variações resultavam de desequilíbrio dos líquidos do corpo, os chamados humores, por isso poderiam ter mudanças cíclicas,

associadas a alterações de estados emocionais. Essa teoria perdurou até surgirem algumas descrições de quadro cíclicos do humor, no século XIX, sugerindo que seriam formas distintas para uma mesma doença. Também, em meados do século XIX, não muito distante do conceito moderno concernente a "insanidade maníaco-depressiva", o psiquiatra e neurologista francês Jules Baillarger descreveu um novo tipo de insanidade, denominada "la folie à double forme" (forma dual de insanidade), cuja principal característica era a ocorrência de episódios de mania e depressão em um mesmo paciente. (ANGST, 2001 apud ALCANTARA, 2003).

No século passado, o psiquiatra alemão Emil Kraepelin separou as Demências Precoces (que viriam a ser chamadas de esquizofrenia) das Psicoses Maníaco-Depressivas (PMD). Ele defendia que as PMD consistiam em um conjunto de doenças cujos sintomas mais proeminentes eram as variações do humor. Não eram feitas distinções entre as pessoas que manifestavam apenas depressão daquelas que apresentavam somente sintomas de mania.

Todos eram classificados e tratados igualmente, como pacientes de PMD. Era como se houvesse dois pólos: pacientes com depressão pura e mania pura, e no meio ficaria a maioria deles, com porções variadas de depressão e mania. Inclusive, na 8ª edição do seu livro: "Psychiatrie: Ein Lehrbuch fur Studierende und Artze" Kraepelin (1910 apud DEL-PORTO; DEL-PORTO, 2005) classificou os estados mistos com grande similaridade como os quadris atuais na sua classificação dos estados mistos. (TABELA 1).

Tipos	Humor	Atividade	Pensamento
Mania ansiosa ou depressiva	-	+	+
Depressão agitada	-	+	-
Mania com inibição do pensamento	+	+	-
Estupor maníaco	+	-	-
Depressão com fuga de idéias	-	-	+
Mania inibida	+	-	+

Tabela 1. Classificação dos estados mistos.
(KRAEPELIN, 1910 apud Ibidem).

No entanto, somente na década de 50, surgiu a tendência de separar aquelas pessoas que manifestassem quadros de mania e depressão daqueles que só apresentavam episódios depressivos; chamando os primeiros de bipolares e os últimos de unipolares. Estudos mostraram que pacientes com depressão unipolar tinham mais pessoas da família com quadros depressivos, ao passo em que os bipolares tinham maior número de parentes com os mesmos sintomas. A mania unipolar foi então, integrada no conceito de "Transtorno Bipolar". E posteriormente, uma subdivisão também ganhou força na distinção dos pacientes dentro desse espectro: bipolares do tipo I (manias e depressões) e bipolares do tipo II (hipomania e depressões). Além do Transtorno Bipolar Sem Outra Especificação (SOE): transtornos com aspectos bipolares que não satisfazem os critérios para qualquer subtipo dos TBs específicos. (DSM-V apud LAMBERT, 2006).

O conceito de "depressão" unipolar, também descrita como "depressão maior", acabou popularizando e facilitando o diagnóstico da depressão, que começou a ser feito cada vez mais por médicos de outras especialidades, outros profissionais da saúde. Hoje, o termo "espectro bipolar" está ganhando espaço nos meios científicos e é cada vez mais veiculado na mídia. O nome lembra fantasmas ou pesadelos, mas também define uma das principais características do distúrbio: a variação de estados. De acordo com esse conceito, o espectro bipolar refere-se a gama de apresentações clínicas da doença, que podem ir de um polo a outro, da depressão unipolar pura para depressão com episódios de hipomania, depressão com mania, até a mania pura.

Existem duas denominações utilizadas para o distúrbio: Transtorno Afetivo Bipolar e Transtorno Bipolar do humor, esse último considerado atualmente o termo mais adequado. Essa diferença de nomenclatura se dá por causa dos conceitos de afeto e humor, que são tecnicamente diferentes. De maneira simples, o primeiro refere ás emoções que surgem rapidamente diante da alteração de uma situação especifica – com o sentimento de alegria quando se ganha um presente, tristeza ao saber que foi mal numa prova, irritação no momento em que o time adversário faz um gol numa final de campeonato ou medo quando alguma dor surge de repente e se pensa na possibilidade de ser vítima de uma doença grave.

Já humores se referem a estados emocionais mais prolongados, que duram horas, dias ou semanas, e podem influenciar a forma de pensar e agir do indivíduo. Um exemplo seria o humor depressivo. Entre outras manifestações, podemos pensar nesse quadro da seguinte forma: sem motivo aparente, a pessoa acorda vários dias seguidos com desânimo, como se a tristeza fosse o pano de fundo de sua vida; as impressões ao seu próprio respeito se tornam mais negativas e críticas, ou ela acredita que os colegas ou parentes a avaliam de modo negativo, depreciativo.

O conceito de "Transtorno Bipolar" é centrado nas alterações do humor – um de seus polos é o humor depressivo e outro – o eufórico. Entretanto não é só o humor que fica alterado no Transtorno Bipolar. Muitas outras funções cerebrais e extra cerebrais sofrem mudanças, como as relacionadas aos ritmos biológicos, ao controle dos movimentos corporais (com predomínio da agitação ou lentidão do corpo) das funções da memória e de concentração mental, da impulsividade e do prazer, tanto das pequenas coisas da vida (cuidar da casa, hobbies) quanto do desejo sexual. O TB seria mais bem compreendido como a doença das instabilidades, sendo a do humor a mais perceptível.

Definição & Prevalência

O Transtorno Bipolar (TB), também conhecido como "Transtorno Afetivo Bipolar" e originalmente chamado de "Insanidade Maníaco-Depressiva", é uma condição psiquiátrica caracterizada por alterações graves de humor, que envolvem períodos de humor elevado e de depressão (polos opostos da experiência afetiva) intercalados por períodos de remissão, e estão associados a sintomas cognitivos, físicos e comportamentais específicos. (CLEMENTE, 2015).

Segundo o novo relatório global da Organização Mundial da Saúde (OMS, 2016) o número de pessoas com depressão aumentou 18% entre 2005 e 2015. Dentro desse contexto, o Transtorno Bipolar (TB) é uma condição psiquiátrica relativamente frequente, é uma doença crônica que afeta entre 1% e 2% da população e representa uma das principais causas de incapacitação no mundo. Estima-se que cerca de 4% da população adulta mundial sofre de Transtorno Bipolar. A Associação Brasileira de Transtorno Bipolar (ABTB, 2016) confirma que essa prevalência vale também para o Brasil, o que representa cerca de 6 milhões de pessoas no país.

De acordo com a 10ª revisão da Classificação Estatística Internacional de Doenças e Problemas Relacionados à Saúde (CID-10), o Transtorno Afetivo Bipolar é caracterizado pela presença de dois ou mais episódios em que os níveis de humor e as atividades do paciente são significativamente perturbados. Oscilando entre episódios de elevação do humor e aumento de energia e atividade (hipomania ou mania), e em períodos de diminuição do humor e diminuição de energia e atividade (depressão). Em linhas gerais, a CID-10 considera ainda que o Transtorno Afetivo Bipolar (F31) deva ser classificado de acordo com o tipo do episódio atual, em hipomaníaco, maníaco ou depressivo. Os episódios maníacos são subdivididos de acordo com a presença ou ausência de sintomas psicóticos, enquanto os episódios depressivos são classificados como: leve, moderado ou grave. Os episódios leves e moderados podem ser classificados de acordo com a presença ou ausência de sintomas somáticos. Os episódios graves são subdivididos de acordo com a presença ou ausência de sintomas psicóticos.

No entanto, para a 5ª edição do Manual Diagnóstico e Estatístico de Transtornos Mentais (DSM-V), o transtorno se diferencia em dois tipos principais: o Tipo I, em que a elevação do humor é grave e persiste (mania), e o Tipo II, em que a elevação do humor é mais branda (hipomania). A utilização do especificador "com características mistas" se aplica aos estados em que há a ocorrência concomitante de sintomas maníacos e depressivos, embora estes sejam vistos como polos opostos do humor. Já o quadro de Transtorno Ciclotímico se caracteriza pela alternância entre períodos hipomaníacos e depressivos ao longo de pelo menos dois anos em adultos (ou um ano em crianças) sem, entretanto, atender os critérios para um episódio de mania, hipomania ou depressão maior. O DSM inclui ainda a categoria "outro Transtorno Bipolar e transtorno relacionado especificado" para classificar quadros atípicos, marcados pela ocorrência de sintomas que não preenchem os critérios de duração e frequência mínimos para caracterizar sequer um episódio de hipomania.

> Estimativas da Organização Mundial de Saúde (OMS) apontam que o TB atinge aproximadamente 30 milhões de pessoas em todo o mundo, estando entre as maiores causas de incapacidade. Dados extraídos de uma amostra combinada de onze países revelaram que as taxas de prevalência ao longo da vida do Transtorno Bipolar tipo I (TB-I), Transtorno Bipolar tipo II (TB-II), Transtorno Bipolar subsindrômico (TB-sub) e do espectro bipolar (EB) foram de 0,6%, 0,4%, 1,4% e 2,4% respectivamente. Já as taxas de prevalência anual do TB-I, TB-II, TB-sub e do EB caíram para 0,4%, 0,3%, 0,8%, e 1,5% respectivamente. No Brasil, mais especificamente na cidade de São Paulo, a taxa encontrada de prevalência do TB (sem diferenciar os subtipos) ao longo da vida foi de 1% e a prevalência anual foi de 0,5%. A taxa de mortalidade também é alta, e a razão mais frequente de morte entre os jovens afetados é o suicídio. Cerca de 25% da população dos adolescentes com TB apresentam comportamentos suicida. Grande número dos pacientes também recorre ao uso de álcool e/ou drogas, o que agrava ainda mais os sintomas. (WALTERS, 2002 apud BOSAIPO; BORGES; JURUENA, 2016).

Nos pacientes bipolares do tipo II, mais de 95% do tempo de doença corresponde à fase depressiva com algumas poucas características do TB. Com essa distinção unipolar/bipolar, novos estudos foram feitos e observou-se que, para cada paciente bipolar, existem 20 depressivos unipolares. Mas logo foi constatado que a maioria dos pacientes bipolares apresentava, inicialmente, episódios depressivos, o que confundia o diagnóstico. E cerca de 20% do total de unipolares acabava evoluindo para quadros bipolares. A classificação unipolar/bipolar acabou se tornando oficial, tanto na 10ª edição da Classificação Estatística Internacional de Doenças e Problemas Relacionados com a Saúde (CID-10), quanto na 5ª publicação do Manual Diagnóstico e Estatístico de Transtornos Mentais (DSM-V).

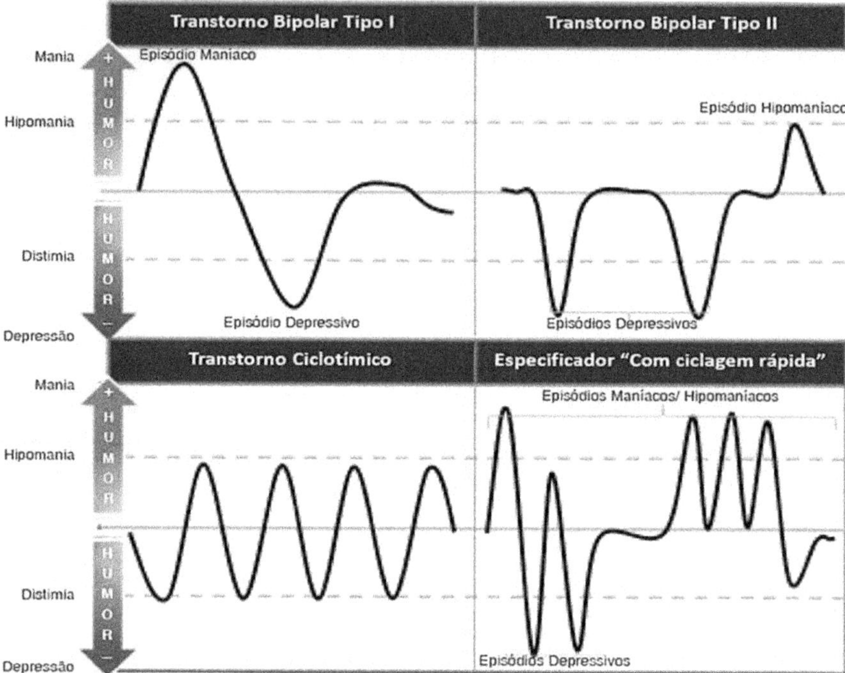

Figura 1. Curso dos principais subtipos do TB, com o especificador "Ciclagem Rápida". Distimia refere-se ao estado de humor rebaixado que não preenche critérios de intensidade de sintomas para um episódio depressivo.
(STAHL, 2013 apud BOSAIPO; BORGES; JURUENA, 2016).

As Fases Do Transtorno

Um aspecto muito bem descrito e sistematizado a respeito do transtorno é a definição das crises, fases ou "episódios" de humor, quando muitos sintomas surgem , definindo um quadro específico. Recentemente, vêm sendo estudadas e descritas a s características que aparecem entre as crises, como temperamentos do tipo irritável, hiperativo, depressivo, impulsivo e as consequências no cotidiano desse modo de ser instável, como dificuldades de relacionamento, de permanecer em um emprego ou manter amizades duradouras.

Embora o TB comporte quatro tipos de episódios patológicos caracterizados como depressivos, hipomaniacos, maníaco e misto — pode ser considerado, basicamente uma doença depressiva, pois a maioria dos pacientes passa grande parte de sua vida nesse polo da doença. Existem, porém, formas mais leve de manifestação desses episódios, nas quais se misturam características da própria pessoa, parecendo compor uma estrutura de base, um temperamento que se manifesta na infância ou na adolescência e se confunde com o "jeito de ser" do indivíduo.

Episódio Depressivo

Além da conotação patológica, a palavra "depressão", em geral, traz à memória das pessoas as fases ruins da vida, Em alguns contextos, o termo é usado de modo abrangente, em analogia com os períodos de crise econômica. Também se tornou comum usar a palavra como sinônimo de tristeza, desespero ou angústia.

A depressão costuma ser deflagrada por uma perda significativa como a morte de um ente querido, a perda do emprego, uma desilusão amorosa, ou mesmo numa fase da vida altamente estressante por causa do trabalho ou de problemas familiares. O fato é que, do ponto de vista clínico, a depressão afeta a forma de o indivíduo pensar, agir, e ser e deve ser encarada como um problema de saúde que afeta não só o cérebro e o estado psicológico, mas também praticamente todo organismo.

A tristeza, característica frequente da depressão, é uma experiência universal. É uma emoção experimentada de maneira negativa, desagradável que, no intuito de não revivê-la, o individuo evite situações desagradáveis no futuro. Em termos gerais, podemos pensar que, se um aluno tira uma nota baixa na escola, a tristeza de passar por essa situação, associada ao fracasso, o levaria a reavaliar sua forma de estudo, para que não recebesse avaliação ruim novamente. Segundo tal teoria, a tristeza deflagra o movimento introspectivo, as pessoas se isolam um pouco do mundo externo "reconhecendo-se" para refletir sobre como a situação desagradável aconteceu e como seria possível proceder para que não voltasse a ocorrer. Dessa maneira, a tristeza ajudaria no processo de amadurecimento, nos preparando para enfrentar melhor uma vida que é, por natureza, repleta de perdas e frustrações inevitáveis.

Ela pode surgir no dia-a-dia, como resultado de algo ruim que ocorreu, ou quando lembranças de fatos passados a provocam. Em geral, nesses casos, tem pequena intensidade e curta duração. O estado mais insistente, chamado de *humor depressivo,* contamina a percepção do que se passa naquele período. Uma situação habitual do cotidiano como ver uma criança pedindo esmola numa esquina, pode ser percebida de maneira mais angustiante se o indivíduo estiver com humor depressivo, ao passo que, em outro momento, essa mesma situação causaria mal-estar passageiro, indiferença, ou até raiva.

O humor depressivo, geralmente associado a uma perda, costuma aparecer vinculado a um mal-estar físico, como um resfriado ou com a fase pré-menstrual. Muitas vezes pode vir com sensações físicas, como inquietação, ansiedade, vontade de chorar, sensação angustiante de pressão ou de peso no peito. Mas até que ponto esse sentimento pode ser considerado normal, e quando passa a ser patológico, ou seja, ser um sintoma da depressão?

Embora não seja um critério muito preciso, é possível levar em conta seu tempo de duração. A tristeza torna-se preocupante, por exemplo, se ela predominar em grande parte do dia do paciente, ou se ocorrer na maioria dos dias. Sua intensidade é um critério bem pouco preciso, pois cada um tem a sua própria "medida" para avaliá-la, e o que é intenso para um seria quase imperceptível para outro. Além disso, ela pode variar de acordo com o momento do dia, podendo, assim, distorcer a percepção de intensidade.

Uma pessoa que recebe uma notícia ruim pode sentir uma angústia profunda, que dura alguns minutos, e se lembrar de ter tido um dia muito triste. Já outra, que sente tristeza moderada todos os dias, quase o tempo todo, pode considerar esse dia normal, igual ao anterior ou ao da semana passada, em que também estava triste. Porém, quando acontece de a pessoa ficar chorando, frequentemente por motivos que aparentemente não se justificam, ou quando sente angústia, numa intensidade difícil de ser tolerada, algo que claramente afete seu cotidiano, essa tristeza pode ser considerada excessiva. Em geral, as pessoas têm mais dificuldade para diferenciar a tristeza chamada normal de sua manifestação patológica (típica da depressão) quando ela surge após um evento justificável, como a perda de um ente querido, o que poderia justificar plenamente uma tristeza mais intensa e duradoura.

Embora esse tipo de situação na maioria das pessoas, passadas algumas semanas ou meses (dependendo do caso), a tendência é que o indivíduo retome suas atividades, apesar da dor da perda e da saudade. Quando essa tristeza se prolonga e, principalmente, se a tristeza interfere na vida do indivíduo, provavelmente se trata de um sintoma patológico. Muitas vezes, a pessoa que sofre de tristeza patológica tem dificuldade de admitir que esteja doente e justifica sua condição com argumentos como desemprego, solidão, dificuldades financeiras ou incompreensão de pessoas importantes em sua vida. O que essa pessoa raramente percebe é que outros passam por circunstâncias similares e podem reagir de outras maneiras e que várias dessas situações podem ser consequência e não causa da melancolia.

> Os pacientes costumam aludir ao sentimento de que tudo lhes parece fútil, ou sem real importância. Acreditam que perderam, de forma irreversível, a capacidade de sentir alegria ou prazer na vida. Tudo lhes parece vazio e sem graça, o mundo é visto "sem cores", sem matizes de alegria. Em crianças e adolescentes, sobretudo, o humor pode ser irritável, ou "rabugento", ao invés de triste. Certos pacientes mostram-se antes "apáticos" do que tristes, referindo-se muitas vezes ao "sentimento da falta de sentimentos". Constatam, por exemplo, já não se emocionarem com a chegada dos netos, ou com o sofrimento de um ente querido, e assim por diante. O deprimido, com frequência, julga-se um peso para os familiares e amigos, muitas vezes invocando a morte para aliviar os que o assistem na doença. São frequentes e temíveis as ideias de suicídio. As motivações para o suicídio incluem distorções cognitivas (perceber quaisquer dificuldades como obstáculos definitivos e intransponíveis, tendência a superestimar as perdas sofridas) e ainda o intenso desejo de pôr fim a um estado emocional extremamente penoso e tido como interminável. Outros ainda buscam a morte como forma de expiar suas supostas culpas. Os pensamentos de suicídio variam desde o remoto desejo de estar simplesmente morto, até planos minuciosos de se matar (estabelecendo o modo, o momento e o lugar para o ato). Os pensamentos relativos à morte devem ser sistematicamente investigados, uma vez que essa conduta poderá prevenir atos suicidas, dando ensejo ao doente de se expressar a respeito. (WIDLÖCHER, 1983 apud DEL PORTO, 1999).

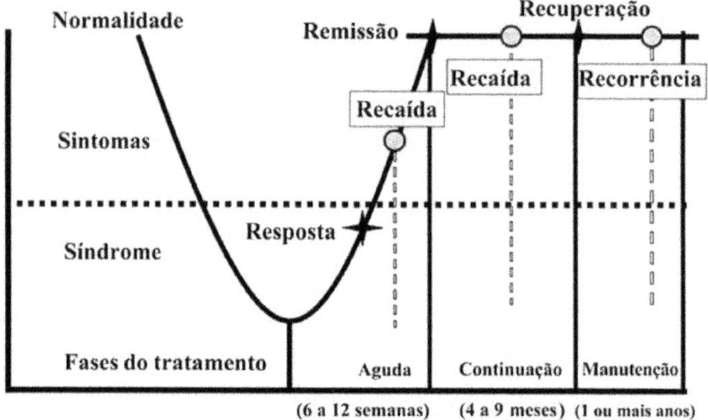

Figura 2. Fases do tratamento durante o episódio depressivo.
(KUPFER, 1991 apud FLECK, 2009).

Episódio Maníaco

O DSM define Mania como a presença por pelo menos uma semana de humor irritável, expansivo ou elevado, associado a três ou mais dos seguintes sintomas, com gravidade suficiente para causar prejuízo funcional (problemas no trabalho, relacionamentos, necessidade de internação, sintomas psicóticos): aumento da autoestima/grandiosidade, diminuição da necessidade de sono, estar mais falante/pressão para falar, pensamento acelerado/fuga de ideias, distração, agitação psicomotora/aumento da atividade, envolvimento excessivo com atividades prazerosas que possam ter consequências desastrosas. A Hipomania, por sua vez, é definida pela presença de humor persistentemente irritável, expansivo ou elevado, ao longo de pelo menos quatro dias, associados, ou pelo menos três daqueles mesmos sintomas descritos para mania, porém com menor gravidade, sem prejuízo funcional significativo.

O termo "mania" costuma ser entendido pelos leigos como um comportamento inusitado e repetitivo. Já "maníaco" descreve aquele indivíduo que tem comportamentos extremamente desviados da norma aceita, geralmente associados a perversões. Para profissionais da área da saúde, porém, o termo "mania" representa o polo eufórico do transtorno de humor. O curioso é que, apesar de a euforia excessiva ser muito característica e evidente nesses quadros, ele nem sempre está presente num episódio maníaco.

Os sintomas mais comuns são a irritabilidade (que pode derivar para agressividade ocasional) e hiperatividade. Outros sintomas da mania são a diminuição da necessidade de sono, autoestima repentinamente elevada, fala excessiva, dificuldade em focar a atenção e envolvimento com atividades prazerosas, porém perigosas – como compras e gastos excessivos, atos impulsivos, uso de drogas, indiscrições e aumento da atividade sexual.

O Paciente em mania não percebe a própria alteração, tem a impressão de estar extremamente bem, como se vivesse a melhor fase de sua vida. Para ele, são os outros que têm problemas. Em, alguns casos, a pessoa nesse estado, com agressividade e impulsividade exacerbadas, precisa ser protegida de si mesma, já que nessa fase do transtorno pode cometer atos dos quais se arrependerá no futuro, determinadas situações. É comum que, após o término de uma crise de mania, o paciente se envergonhe de suas atitudes.

A euforia pode ser definida como uma alegria excessiva e exagerada, que se mantém independentemente dos acontecimentos externos. A pessoa nesse estado apresenta otimismo exacerbado e se relaciona com pessoas com muita facilidade, principalmente quando se trata de estranhos. Nas formas mais graves, chega a acreditar que pode ser famosa. É comum que ocorram mudanças súbitas de humor: quando se lembra, por exemplo, da morte da mãe, irrompe em prantos, para depois de alguns minutos continuarem a rir.

A pessoa tenta fazer muitas coisas ao mesmo tempo, tem dificuldade para ficar parada, não consegue se concentrar em uma única atividade e se distrai com facilidade. Alguns chegam a apresentar ilusões auditivas ou visuais e manifestar comportamentos paranoicos. Esses sintomas podem ser confundidos com esquizofrenia, principalmente se ocorrem no inicio da doença. Também há probabilidade de surgir crises de ansiedade, de pânico (com mal-estar físico pronunciado: sudorese, taquicardia, falta de ar, vertigem etc.) ou sintomas obsessivos. Nem todas essas manifestações aparecem em uma crise de mania, mas podem dificultar o diagnóstico.

Tecnicamente, a hipomania é uma fase de mania mais leve, com os mesmos sintomas, porém menos intensos e evidentes. Na prática, pode ser considerada "invisível", pois em geral passa despercebida e pode ser interpretada como uma fase de maior produtividade no trabalho, criatividade e socialização. Mas há um fato relevante: hipomania é um indicador de que a pessoa sofre de Transtorno Bipolar. Em geral, a mania inicia abruptamente e dura de alguns dias a algumas semanas.

Os episódios maníacos com frequência são mais breves do que os episódios depressivos. Infelizmente, os episódios maníacos costumam ser seguidos por episódios depressivos colocando o paciente em uma "montanha-russa" emocional. Embora alguns pacientes relatem que a euforia que experimentam quando estão maníacos pode ser gratificante e prazerosa, esses episódios geralmente ocorrem com grandes custos pessoais. Eles afetam os casamentos, os negócios, as finanças e a saúde dos pacientes e levam à exaustão, ao uso ocasional de substâncias e outros comportamentos de risco que colocam o paciente em perigo frequente. No extremo, o indivíduo maníaco tem risco maior de morrer por complicações cardíacas e maior tendência de cometer suicídio na transição da mania para a depressão, quando eles compreendem o quanto seu comportamento foi inadequado (ANDREASEN e BLACK, 2009).

Álcool	Buspirona	L-glutamina
Alfa-interferon	Captopril	Loxapina
Anfetaminas	Ciclobenzaprina	Metoclopramida
Antagonistas histamínicos H_2	Ciclosporina	Narcóticos
Anticonvulsivantes	Cloroquina	Ofloxacina
Antidepressivos	Cocaína	Procarbazina
Antiparkinsonianos	Corticosteróides	Propafenona
Baclofeno	Dapsona	Pseudo-efedrina
Barbitúricos	Dietiltoluamida	Quinacrina
Benzodiazepínicos	Esteróides anabólicos	Sulfonamidas
Bloqueadores beta-adrenérgicos	Hormônios tireoidianos	Teofilina
Bromocriptina		Zidovudina

Tabela 2. Principais Substâncias associadas à hipomania e à mania.(DUBOVSKY e DUBOVSKY, 2004 apud MORENO; MORENO, 2005).

	Estágio I	Estágio II	Estágio III
Humor	Lábil, eufórico, irritável se contrariado	Disforia e depressão, hostil e irado	Claramente disfórico, em pânico, desesperado
Pensamento e cognição	Expansivo, grandioso; hiperconfiante; pensamento acelerado, coerente ou tangencial; preocupações religiosas e sexuais	Fuga de idéias, desorganização, idéias deliróides	Incoerente, associações frouxas, bizarro, idiossincrásico, alucinações, desorientação idéias de referência idéias deliróides
Comportamento	Aceleração psicomotora, maior iniciativa de discurso, gastos, tabagismo e telefonemas excessivos	Hiperatividade, maior pressão do discurso, agressões físicas	Atividade frenética e bizarra
Sinonímia	Hipomania	Mania franca	Mania delirante (Psicose indiferenciada)

Tabela 3. Estágios da mania. (CARLSON e GOODWIN, 1973 apud Ibidem).

Episódio Misto

Os sintomas do Transtorno Bipolar nem sempre se apresentam em bloco, como típicos de depressão ou mania/hipomania. Comportamentos maníacos podem aparecer no meio de um episódio depressivo – vice – versa. Quando existe essa "mistura", o reconhecimento e o tratamento ficam confusos, com quadros depressivos em que a agitação é marcante, que podem piorar com o uso de antidepressivos, e manias com ideias depressivas que são confundidas com depressão. Trata-se de uma forma potencialmente grave do transtorno, pois, quando há mistura de agitação e pensamentos de morte temperados com a grande impulsividade, o risco de ocorrer suicídio é enorme. Durante um episódio ou estado misto, os sintomas frequentemente incluem agitação, sono perturbado, grandes mudanças no apetite e pensamentos suicidas. Pessoas em estado misto podem sentir-se muito tristes ou sem esperança e ao mesmo tempo extremamente energizadas.

Um Episódio Misto caracteriza-se por um período de tempo (no mínimo 1 semana) durante o qual são satisfeitos os critérios tanto para Episódio Maníaco quanto para Episódio Depressivo Maior, quase todos os dias. O indivíduo experimenta uma rápida alternância do humor (tristeza, irritabilidade, euforia), acompanhada dos sintomas de um Episódio Maníaco e de um Episódio Depressivo Maior. A apresentação sintomática frequentemente envolve agitação, insônia, desregulação do apetite, características psicóticas e pensamento suicida. A perturbação deve ser suficientemente grave a ponto de causar prejuízo acentuado no funcionamento social ou ocupacional ou de exigir a hospitalização, ou é marcada pela presença de características psicóticas. A perturbação não se deve aos efeitos fisiológicos diretos de uma substância (p. ex., droga de abuso, medicamento ou outro tratamento) ou de uma condição médica geral (p. ex., hipertireoidismo). Sintomas como os que são vistos em um Episódio Misto podem ser decorrentes dos efeitos diretos de medicamentos antidepressivos, terapia eletroconvulsiva, fototerapia ou medicamentos prescritos para outras condições médicas gerais (p. ex., corticosteroides).

Se uma pessoa com Transtorno Depressivo Maior recorrente, por exemplo, desenvolve um quadro sintomático misto durante um tratamento com medicamentos antidepressivos, o diagnóstico do episódio é o Transtorno do Humor Induzido por Substância, Com Características Mistas, não se modificando o diagnóstico de Transtorno Depressivo Maior para Transtorno Bipolar I. Algumas evidências sugerem a possível existência de uma "diátese" bipolar em indivíduos que desenvolvem episódios do tipo misto após o tratamento somático para a depressão. Esses indivíduos podem ter uma maior probabilidade de futuros Episódios Maníacos, Mistos ou Hipomaníacos não relacionados a substâncias ou tratamentos somáticos para a depressão. Esta consideração pode ser especialmente importante no caso de crianças e adolescentes.

> Os Episódios Mistos podem evoluir a partir de um Episódio Maníaco ou de um Episódio Depressivo Maior ou podem surgir como algo novo. Por exemplo, o diagnóstico pode ser mudado de Transtorno Bipolar I, Episódio Mais Recente Maníaco, para Transtorno Bipolar I, Episódio Mais Recente Misto, no caso de um indivíduo com 3 semanas de sintomas maníacos seguidos por uma semana de sintomas tanto maníacos quanto depressivos. Os Episódios Mistos podem durar de semanas a alguns meses, apresentando remissão para um período com poucos ou nenhum sintoma ou evoluindo para um Episódio Depressivo Maior. Mais raramente, um Episódio Misto evolui para um Episódio Maníaco. (BALDAÇARA, 2015).

Portanto, a combinação de alterações nesses domínios compunha o quadro clínico da enfermidade. Nos estados puros de mania ou depressão, os três domínios encontram-se alterados na mesma direção. Na mania típica, por exemplo, haveria exaltação do humor, fuga de ideias e aumento da atividade motora; na depressão típica haveria humor triste, inibição do pensamento e lentidão psicomotora. Diferentemente, nos estados mistos esses domínios estavam modificados em diferentes direções, ou seja, haveria uma mescla de elementos do quadro maníaco e da melancolia nos campos do humor, do curso do pensamento e da psicomotricidade. Entre os estados mistos, eram distinguidos seis tipos: mania depressiva (ou ansiosa ou furiosa), mania improdutiva (ou com pobreza de pensamentos), mania inibida (com inibição motora), estupor maníaco, depressão com fuga de ideias e depressão agitada. (DOYLE, 1998 apud CLEMENTE, 2015).

Existem, entretanto, controvérsias sobre a relação entre os estados mistos e os transtornos bipolares de ciclagem rápida. Há dúvida se tais fenômenos corresponderiam ao mesmo processo, caracterizado pela rápida alternância do humor, ou seja, o estado misto, na verdade corresponderia a um quadro de ciclagem extremamente rápida; porém, a hipótese mais aceita é a de que constituam fenômenos distintos. Assim, se considera a existência de estados mistos instáveis, a rápida alternância de estados afetivos opostos e, portanto, associados à velocidade da ciclagem, que seriam diferentes dos estados mistos estáveis, em que estão presentes simultaneamente os sintomas de mania e depressão. (SCHWARTZMANN, 2004 apud CLEMENTE, 2015).

Temperamento depressivo + mania psicótica	Temperamento ciclotímico + depressão maior	Temperamento hipertímico + depressão maior
Choro	Humor depressivo	Disforia implacável, ódio
Idéias de suicidio	Hiperfagia	Agitação num fundo de lentificação
Irritabilidade e raiva	Hipersonia	Fadiga extrema
Euforia	Fadiga	Pânico e insônia intratáveis
Aceleração de pensamentos	Baixa auto-estima	Obsessões e impulsos suicidas
Grandiosidade	Aceleração de pensamentos	Excitação sexual temporária
Hipersexualidade	Jocosidade	Aceleração de pensamentos
Agitação psicomotora	Ataques de ira	Aparência histriônica
Insônia grave	Tensão	(mas expressões de puro sofrimento)
Delírios persecutórios	Inquietação	
Alucinações auditivas	Hipersexualidade impulsiva	
Confusão	Outros comportamentos desinibidos: jogo, tentativas de suicídio dramáticas	
Abuso de álcool	Abuso de estimulantes (inclusive café) e sedativo-hipnóticos (inclusive álcool)	Abuso de estimulantes e álcool

Tabela 4. Quadro clínico dos estados mistos em função do temperamento. (MARNEROS, 2001 apud MORENO, 2005).

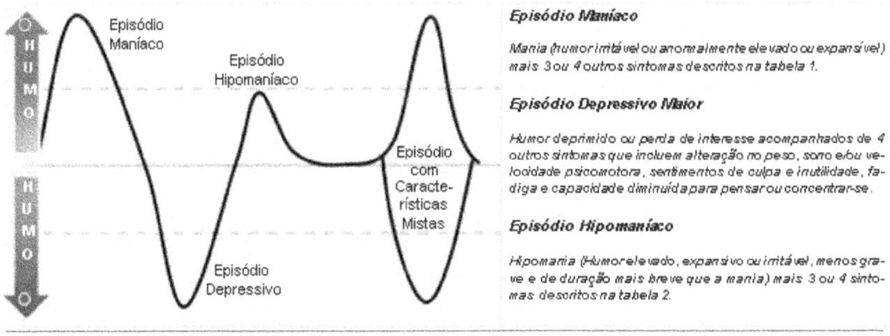

Figura 3. Episódios de humor no TB. O curso da doença de um paciente pode ser registrado em gráfico de humor. Desse modo, um exemplo de como o humor pode variar é da hipomania para mania no topo da figura, para a eutimia (ou humor normal) no meio, e para a depressão na extremidade inferior da figura.
(STAHL, 2013 apud BOSAIPO; BORGES; JURUENA, 2016).

Compreendendo as Bases Neurológicas do TAB

Existem múltiplos fatores etiológicos nos transtorno do humor, resultantes da combinação de fatores ambientais (dieta, álcool, ritmos biológicos), individuais relacionados à personalidade e dos relacionamentos pessoais, que desencadeiam a doença em indivíduos biologicamente vulneráveis. Considera-se que tanto a depressão quanto a mania seriam resultado de vários processos psicológicos, ambientais, genéticos e biológicos. (AKISKAL, 2000 apud NETO e ELKIS, 2009).

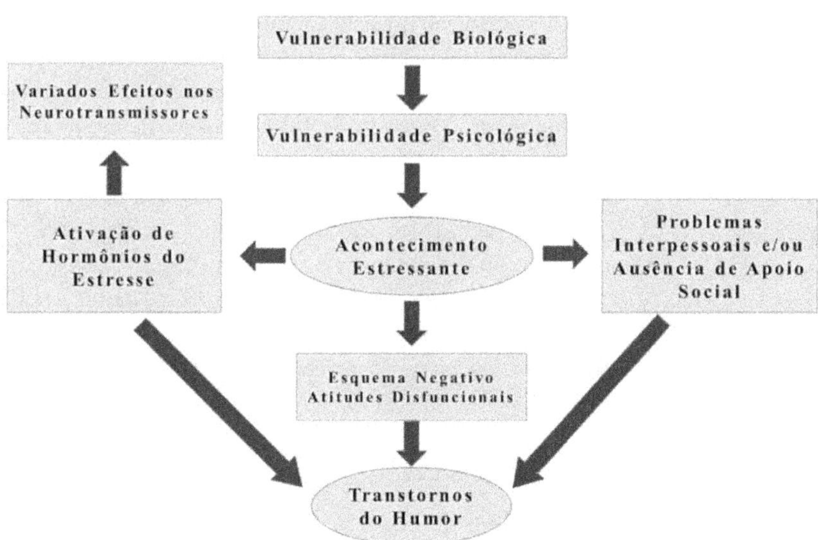

Figura 4. Modelo Integrado dos Transtornos de Humor.(BARLOW, 2008).

Alterações de provas funcionais, modelos de integração neuro-químicos e de comportamento que foram observados nos processos de prazer, recompensa e perturbações dos ritmos circadianos em pacientes com Transtorno Afetivos. O Sistema Límbico representa a região de convergência desses fatores, produzindo desequilíbrio das aminas biogênicas, especificamente a Noradrenalina, a Serotonina e, em segundo plano, a Dopamina, e dos sistemas de mensageiros secundários (p. ex., Adenil Ciclase) e Peptídeos Neuroativos. Além disso, ocorre desregulação dos eixos endócrinos, hipotálamo-adrenal, tireoidiano e ligado ao hormônio do crescimento, anormalidades do sono, desajuste dos ritmos circadianos, anormalidades do sistema imunológico e alterações morfofisiológicas cerebrais.

> Na gênese dos transtornos de humor, os fatores genéticos são fundamentais, principalmente no Transtorno Bipolar. Cerca de 50% dos bipolares do tipo I têm pelo menos um dos pais com Transtorno Afetivo, especialmente depressão; se um dos pais é portado de TB I, a chance de um dos filhos apresentarem transtorno de humor é de 25%, que sobe para 50% a 75% no caso de ambos os pais serem afetados. Os fatores psicossociais em geral representam desencadeantes dos transtornos do humor, por exemplo, a perda do emprego, de ente querido, separações. Não existem traços de personalidade predisponentes para transtorno do humor, a depressão pode ocorrer em qualquer tipo de personalidade. (NETO e ELKIS, 2009).

A revisão da literatura realizada por Baumann e Bogerts (2001 apud LAMBERT, 2006) sugere que os cérebros de pacientes que sofrem de Transtorno Bipolar diferem de maneira significativa dos daqueles que não estão sofrendo de transtorno de humor. De maneira específica, os gânglios basais são um pouco menores em pacientes bipolares e depressivos. As reduções mais drásticas são encontradas no Núcleo Accumbens, a estrutura fundamental na tradução de estímulos ambientais para a motivação de responder. Também são encontrados déficits estruturais no núcleo dorsal da Rafe, local de produção de Serotonina.

Em outra revisão literária, através de estudos por neuroimagem, foram observadas anormalidades no estriado, na amídala e no córtex pré-frontal. Essa revisão sustenta a noção do envolvimento dos circuitos frontais-subcorticiais no Transtorno Bipolar. Além disso, foi detectada redução no tamanho cerebelar. O resultado mais comum em estudos com ressonância magnética é a presença de hiperintensidades da substância branca em taxas mais elevadas do que se esperava. As hiperintensidades da substância branca são pequenas áreas caracterizadas por um sinal de maior intensidade do que o tecido circundante. Essas hiperintensidades são mais encontradas em idosos e em indivíduos que sofreram eventos cardiovasculares. Além disso, processos como a desmielinização, a astrogliose (formação de novos astrócitos ou crescimento de astrócitos existentes) ou perda axonal podem levar à formação de hiperintensidades da substância branca. (YURGELUN-TODD et al., 2000 apud id. Loc. cit.).

Embora essas anomalias sejam observadas em pacientes bipolares em taxas mais alta do que a esperada, a constatação de que a maioria dos indivíduos bipolares não apresenta hiperintensidades sugere que elas podem desempenhar um papel causal mínimo no transtorno. Assim, é mais provável que elas se formem por causa do estilo de vida característico de pacientes com manias (taxas elevadas de abuso de substâncias e riscos cardiovasculares) do que pela susceptibilidade do sujeito ao Transtorno Bipolar. Observou-se menos atividade metabólica global de glicose nos cérebros de pacientes com depressão bipolar do naqueles com mania bipolar. Embora um estudo tenha identificado maior fluxo sanguíneos cerebral durante episódios de mania, a maioria dos estudos não observaram diferenças no fluxo sanguíneos na mania ou depressão bipolares, em comparação a sujeitos de controle saudáveis (STRAKOWSKI et al., 2000 apud Ibidem).

> Estudos dos Genes De Suscetibilidade (genes que aumentam a suscetibilidade à doença), já implicaram os cromossomos: 4, 12, 18 e 21, entre outros. Atualmente, uma das ligações encontradas mais poderosas localiza-se na região 12q23-q24.40. Resultados do rastreamento do genoma sugerem a existência de diversos loci de suscetibilidade nos cromossomos: 1, 6, 7, 10, 16 e 22. Outro estudo recente sugere loci nas regiões: 13q32 e 1q32.32. (GINNS, 1998 apud ALDA, 1999).

Estuda-se um polimorfismo na região promotora com duas variantes alélicas, uma longa e uma curta inserção/deleção de 44 pares de bases. Possível papel funcional deste polimorfismo em que o alelo curto recaptaria menos serotonina do que o alelo longo. (DU E COLL, 1999 apud VIEIRA, 2006).

Estudos nos níveis liquóricos e urinários de Pacientes com TB comparados com Grupos Controles Normais verificaram um desequilíbrio na regulação das Aminas Biogênicas (distribuídas no Sistema Límbico), demonstrando alterações nos sistemas:

1. Noradrenérgico

2. Serotonérgico
3. Dopaminérgico
4. Colinérgico

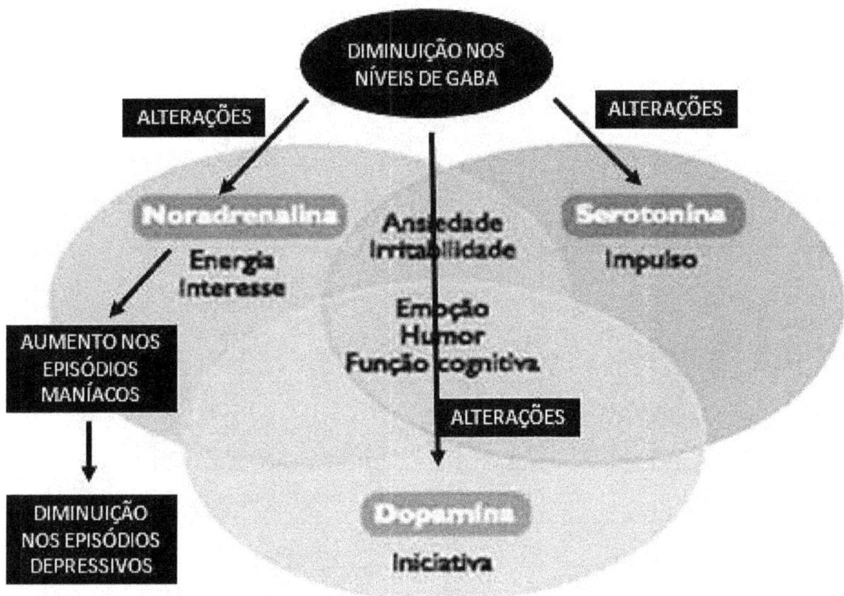

Figura 5. O Gaba modula atividades de Serotonina, Dopamina e Noradrenalina. (YONG et al., 1994 apud VIEIRA, 2006).

Diagnóstico

A pessoa com Transtorno Bipolar (TB) recebe o diagnóstico, normalmente, apenas dez anos após as primeiras tentativas de tratamento. Antes disso, o paciente pode ser informado de que sofre dos mais variados problemas, como dependência de drogas, obesidade, distúrbio de caráter e de personalidade, transtorno do pânico etc., entretanto, o diagnóstico equivocado, mais comumente atestado é o de depressão unipolar. Infelizmente, ainda hoje, são poucos os profissionais de saúde mental que conhecem o quadro suficientemente bem e que possam propiciar uma orientação adequada para diminuir a angústia do paciente, de seus parentes e amigos.

O diagnóstico de TB é traiçoeiro: os sinais e sintomas podem ter inúmeras manifestações em um mesmo paciente; além de variar muito de uma pessoa para outra. Em geral, quem sofre do Transtorno Bipolar tem dificuldade em dedicar-se à carreira profissional, manter a produtividade e o equilíbrio na vida afetiva e cultivar relacionamentos duradouros. Os afetados pelo distúrbio nem sempre têm controle daquilo que falam durante os períodos de manifestação da doença. O tratamento medicamentoso é fundamental e complexo, pois exige duas estratégias: a profilaxia (prevenção das crises) e o controle dos sintomas agudos; o acompanhamento psicológico é fundamental para uma boa evolução a longo prazo.

A boa notícia é que a abordagem adequada pode garantir uma vida praticamente normal, principalmente se a doença for diagnosticada na fase inicial. Mas quanto mais cedo e mais profundamente o paciente e sua família entenderem o TB, maior a chance de conseguir controlar a doença e tornar suas consequências menos nocivas. E, nesse caso, a informação pode ser considerada parte fundamental que as pessoas implicadas na situação sejam informadas de que o TB é uma doença crônica, com causas biológicas (genética e outras) associadas a fatores ambientais.

É compreensível, portanto, que frequentemente seja questionado o status de doença mental do Transtorno Bipolar. Afinal, o paciente apresenta reações exacerbadas comuns, que uma pessoa saudável também poderia ter. Qualquer um é capaz, por exemplo, de reagir com raiva diante de frustrações ou injustiças. Porém, o paciente bipolar pode se deprimir ou ficar excessivamente agressivo. Muita gente também já gastou um pouco mais de dinheiro do que pretendia, ou ficou amuada por ter recebido uma notícia ruim. Porém, a pessoa com TB gasta enorme quantias sem nenhum planejamento, a ponto de envolver-se em dívidas para adquirir produtos dos quais não necessita ou, ao receber uma notícia desagradável, fica de cama.

Mas, como reações exacerbadas podem distinguir uma pessoa com Transtorno Bipolar de outras? Não seria apenas uma reação peculiar de cada indivíduo, puramente psicológica, sem resultar de alguma lesão ou falha no funcionamento cerebral? Atualmente, a Organização Mundial de Saúde (OMS, 2009) reconhece o Transtorno

Bipolar como doença. Para ser conhecido assim, é preciso que o quadro tenha causas orgânicas bem estabelecidas; sua evolução no tempo e implicações físicas devem ser conhecidas, bem como as possibilidades de tratamento dos sintomas. A maior dificuldade, porém, é definir seus limites, que dependem de avaliações clínicas baseadas em sintomas e sinais, uma vez que possam dar o diagnóstico definitivo de Transtorno Bipolar.

A principal característica do TB é a instabilidade de várias funções cerebrais, que podem ser percebidas na alteração do humor, variando da tristeza profunda á alegria excessiva, transparecendo na ansiedade e irritabilidade que em pouco tempo podem se converter em apatia. Essas variações aparecem associadas à instabilidade do funcionamento do cérebro, tanto no armazenamento de informações (memória) como no controle da atenção (distração excessiva).

É possível haver variação do pessimismo exagerado ao otimismo incontrolável, e a velocidade do pensamento pode aumentar ou diminuir. Alterações no sono e no apetite, tanto para excesso como para falta, também são comuns. Nessas situações, sistemas hormonais costumam ficar desorganizados, refletindo um ritmo biológico caótico ou cíclico, e, não raro, o paciente troca o dia pela noite. Observa-se também diminuição ou aumento excessivo de energia.

O mesmo ocorre em relação à capacidade de sentir prazer. O mais curioso é que a mudança humoral pode ocorrer em poucas horas, ou em poucos dias – e às vezes durar semanas, meses ou até mesmo anos. Por conseguinte, existem pacientes que são bipolares e ficam longos períodos em um mesmo estado, que é geralmente depressivo. Nesses casos, quando se examina um momento qualquer da vida desse paciente, a impressão que se tem é de que não existe instabilidade, embora ela possa ter ocorrido no passado ou simplesmente ter sido representada por uma única mudança, do estado considerado normal para o depressivo.

Surge aí uma nova questão: se a instabilidade é a característica central do Transtorno Bipolar, as pessoas saudáveis deveriam, então, ser instáveis, sem grandes expressões de tristeza ou alegria? Essa pergunta leva a uma reflexão interessante. O corpo humano possui sistemas de controle que impedem que as várias funções fiquem excessivamente fora dos chamados, parâmetros mínimos no que se refere, por exemplo, a hora do sono ou níveis de atividade física e mental. A variabilidade é fundamental para que o ser humano se adapte a situações ambientais que mudam com frequência e exigem acomodações como, eventualmente, dormir mais tarde para participar de um evento social ou terminar de redigir um artigo. No organismo do paciente com TB esses sistemas de controle funcionam de forma inadequada, o que permite "escapes" e acarrete descontroles, acabando por desorganizar outras funções corporais.

As pessoas consideradas saudáveis costumam apresentar pequenas variações nas funções corporais, que se adaptam às exigências do ambiente, enquanto os pacientes bipolares apresentam grandes alterações, que se tornam incompatíveis com os acontecimentos externos. Portanto, é completamente aceitável (e até um sinal de saúde mental) que sintam, reconheçam e expressem alegria e tristeza, em graus variados, desde que esses sentimentos, deflagrados por fatores externos ou subjetivos, se apliquem ao contexto – e tenham intensidade compatível à situação no caso dos pacientes com TB – quanto mais às funções que regulam os estados de humor estiverem desorganizadas, mais grave e mais complexo o quadro clínico se apresenta.

De acordo com o Manual Diagnóstico e Estatístico de Transtornos Mentais (DSM) para diagnosticar Transtorno Bipolar Tipo I, é necessário o preenchimento dos critérios a seguir para um episódio maníaco. O episódio maníaco pode ter sido antecedido ou seguido por episódios hipornaníacos ou depressivos maiores.

Critérios Diagnósticos para Episódio Maníaco

A. Um período distinto de humor anormal e persistentemente elevado, expansivo ou irritável e aumento anormal e persistente da atividade dirigida a objetivos ou da energia, com duração mínima de uma semana e presente na maior parte do dia, quase todos os dias (ou qualquer duração, se a hospitalização se fizer necessária).

B. Durante o período de perturbação do humor e aumento da energia ou atividade, três (ou mais) dos seguintes sintomas (quatro se o humor é apenas irritável) estão presentes em grau significativo e representam uma mudança notável do comportamento habitual:

1. Autoestima inflada ou grandiosidade.

2. Redução da necessidade de sono (p. ex., sente-se descansado com apenas três horas de sono).

3. Mais loquaz que o habitual ou pressão para continuar falando.

4. Fuga de ideias ou experiência subjetiva de que os pensamentos estão acelerados.

5. Distratibilidade (por ex.: a atenção é desviada muito facilmente por estímulos externos insignificantes ou irrelevantes), conforme relatado ou observado.

6. Aumento da atividade dirigida a objetivos (seja socialmente, no trabalho ou escola, seja sexualmente) ou agitação psicomotora (atividade sem propósito não dirigida a objetivos).

7. Envolvimento excessivo em atividades com elevado potencial para consequências dolorosas (p. ex., envolvimento em surtos desenfreados de compras, indiscrições sexuais ou investimentos financeiros insensatos).

C. A perturbação do humor é suficientemente grave a ponto de causar prejuízo acentuado no funcionamento social, profissional ou para necessitar de hospitalização a fim de prevenir dano a si mesmo ou a outras pessoas, ou existem características psicóticas.

D. O episódio não é atribuível aos efeitos fisiológicos de uma substância (p. ex., droga de abuso, medicamento, outro tratamento) ou a outra condição médica.

Nota 1. Um episódio maníaco completo que surge durante tratamento antidepressivo (exemplo: medicamento, eletroconvulsoterapia), mas que persiste em um nível de sinais e sintomas além do efeito fisiológico desse tratamento é evidência suficiente para um episódio maníaco e, portanto, para um diagnóstico de Transtorno Bipolar tipo I. **Nota 2:** os Critérios A-D representam um episódio maníaco. Pelo menos um episódio maníaco na vida é necessário para o diagnóstico de Transtorno Bipolar tipo I.

Fonte: Manual Diagnóstico e Estatístico de Transtornos Mentais. (APA, 2018).

➤ Características Associadas que Apoiam o Diagnóstico

Durante um episódio maníaco, comumente os indivíduos não perceberem que estão doentes ou que necessitam de tratamento, resistindo, com veemência, às tentativas de tratamento. Podem mudar a forma de se vestir, a maquiagem ou a aparência pessoal para um estilo extravagante e/ou com maior apelo sexual. Alguns percebem maior acurácia olfativa, auditiva ou visual. Jogos de azar e comportamentos antissociais podem acompanhar o episódio maníaco. Há pessoas que podem se tornar hostis e fisicamente ameaçadoras a outras e, quando delirantes, podem agredir fisicamente ou suicidar-se. As consequências catastróficas de um episódio maníaco (p. ex., hospitalização involuntária, dificuldades com a justiça, dificuldades financeiras graves) costumam resultar do juízo crítico prejudicado, da perda de insight e da hiperatividade. O humor pode mudar rapidamente para raiva ou depressão. Podem ocorrer sintomas depressivos durante um episódio maníaco e, quando presentes, durar momentos, horas ou, mais raramente, dias.

➢ Características Diagnosticas

A característica essencial de um episódio maníaco é um período distinto de humor anormal e persistentemente elevado, expansivo ou irritável e aumento persistente das atividades, com duração de pelo menos uma semana e presente na maior parte do dia, quase todos os dias (ou qualquer duração, se a hospitalização se fizer necessária), acompanhado por pelo menos três sintomas adicionais do Critério B.

Se o humor é irritável em vez de elevado ou expansivo, pelo menos quatro sintomas do Critério B devem estar presentes.

O humor em um episódio maníaco costuma ser descrito como eufórico, excessivamente alegre, elevado ou "sentindo-se no topo do mundo". Em certos casos, o humor é tão anormalmente Contagiante que é reconhecido com facilidade como excessivo e pode ser caracterizado por entusiasmo ilimitado e indiscriminado para interações interpessoais, sexuais ou profissionais. Por Mémjplo, a pessoa pode espontaneamente iniciar conversas longas com estranhos em público. Algumas vezes, o humor predominante é irritável em vez de elevado, em particular quando os desejos do indivíduo são negados ou quando ele esteve usando substâncias. Mudanças rápidas no humor durante períodos breves de tempo podem ocorrer, sendo referidas como labilidade (alternância entre euforia, disforia e irritabilidade). Em crianças, felicidade, tolice e "estupidez" são normais no contexto de ocasiões especiais; se esses sintomas, porém, são recorrentes, inadequados ao contexto e além do esperado para o nível de desenvolvimento da criança, podem satisfazer o Critério A. Se a felicidade for incomum para a criança (diferente da habitual) e a mudança de Humor ocorrer concomitantemente aos sintomas que satisfazem o Critério B para mania, aumenta a certeza diagnóstica; a mudança de humor deve, entretanto, estar acompanhada de aumento persistente da atividade ou da energia, que é evidente aos que conhecem bem a criança.

Durante o episódio maníaco, a pessoa pode se envolver em vários projetos novos ao mesmo tempo. Os projetos costumam ser iniciados com pouco conhecimento do tópico, sendo que nada parece estar fora do alcance do indivíduo. Os níveis de atividade aumentados podem se manifestar em horas pouco habituais do dia.

Autoestima inflada costuma estar presente, variando de autoconfiança sem críticas a grandiosidade acentuada, podendo chegar a proporções delirantes (Critério Bl). Apesar da falta de qualquer experiência ou talento particular, o indivíduo pode dar início a tarefas complexas, como escrever um romance ou buscar publicidade por alguma invenção impraticável. Delírios de grandeza (p. ex., de ter um relacionamento especial com uma pessoa famosa) são comuns. Em crianças, supervalorização das capacidades e crença de que, por exemplo, podem ser as melhores no esporte ou as mais inteligentes em sala de aula são comuns; quando, no entanto, essas crenças estão presentes apesar de evidências claras do contrário, ou a criança tenta atos claramente perigosos e, mais importante, representa uma mudança de seu comportamento habitual, o critério de grandiosidade deve ser satisfeito.

Uma das características mais comuns é a redução da necessidade de sono (Critério B2), que difere da insônia, em que o indivíduo deseja dormir ou sente necessidade disso, mas não consegue. Ele pode dormir pouco, se conseguir, ou pode acordar várias horas mais cedo que o habitual, sentindo-se repousado e cheio de energia. Quando o distúrbio do sono é grave, o indivíduo pode ficar sem dormir durante dias e não ter cansaço. Frequentemente, a redução da necessidade de sono anuncia o início de um episódio maníaco.

A fala pode ser rápida, pressionada, alta e difícil de interromper (Critério B3). Os indivíduos podem falar continuamente e sem preocupação com os desejos de comunicação de outras pessoas, frequentemente de forma invasiva ou sem atenção à relevância do que é dito. Algumas vezes, a fala caracteriza-se por piadas, trocadilhos, bobagens divertidas e teatralidade, com maneirismos dramáticos, canto e gestos excessivos. A intensidade e o tom da fala costumam ser mais importantes que o que está sendo transmitido. Quando o humor está mais irritável do que expansivo, a fala pode ser marcada por reclamações, comentários hostis ou tiradas raivosas, especialmente se feitas tentativas para interromper o indivíduo. Sintomas do Critério A e do Critério B podem vir acompanhados de sintomas do polo oposto (depressivo) (ver o especificador "com características mistas").

Com frequência, os pensamentos do indivíduo fluem a uma velocidade maior do que aquela que pode ser expressa na fala (Critério B4). É comum haver fuga de ideias, evidenciada por um fluxo quase contínuo de fala acelerada, com mudanças repentinas de um tópico a outro. Quando a fuga de ideias é grave, a fala pode se tornar desorganizada, incoerente e particularmente sofrida para o indivíduo. Os pensamentos às vezes são sentidos como tão abarrotados que fica difícil falar.

A distratibilidade (Critério B5) é evidenciada por incapacidade de filtrar estímulos externos irrelevantes (p. ex., a roupa do entrevistador, os ruídos ou as conversas de fundo, os móveis da sala) e, com frequência, não permite que os indivíduos em episódio maníaco mantenham uma conversa racional ou respeitem orientações. O aumento da atividade dirigida a objetivos frequentemente consiste em planejamento excessivo e participação em múltiplas atividades, incluindo atividades sexuais, profissionais, políticas ou religiosas. Impulso, fantasia e comportamento sexuais aumentados costumam estar presentes. Indivíduos em episódio maníaco costumam mostrar aumento da sociabilidade (p. ex., renovar velhas amizades ou telefonar para amigos ou até mesmo estranhos), sem preocupação com a natureza incômoda, dominadora e exigente dessas interações. Com frequência, exibem agitação ou inquietação psicomotoras (atividade sem uma finalidade), andando de um lado a outro ou mantendo múltiplas conversas simultaneamente. Há os que escrevem demasiadas cartas, e-mails, mensagens de texto, etc., sobre assuntos diversos a amigos, figuras públicas, ou meios de comunicação.

O critério de aumento da atividade pode ser difícil de averiguar em crianças; quando, porém, a criança assume várias tarefas simultaneamente, começa a elaborar planos complicados e irreais para projetos, desenvolve preocupações sexuais antes ausentes e inadequadas ao nível de desenvolvimento (não justificadas por abuso sexual ou exposição a material de sexo explícito), o Critério B pode ser satisfeito com base no juízo clínico. É fundamental determinar se o comportamento representa uma mu durante o período de tempo necessário; e se ocorre em associação temporal com outros sintomas de mania.

Humor expansivo, otimismo excessivo, grandiosidade e juízo crítico prejudicado costumam levar a envolvimento imprudente em atividades como surtos de compras, doação de objetos pessoais, direção imprudente, investimentos financeiros insensatos e promiscuidade sexual incomuns ao indivíduo, mesmo quando essas atividades podem levar a consequências catastróficas (Critério B7). O indivíduo pode adquirir muitos itens desnecessários sem que tenha dinheiro para pagar por eles e, em alguns casos, doar esses objetos. O comportamento sexual pode incluir infidelidade ou encontros sexuais indiscriminados com estranhos, em geral sem atenção a risco de doenças sexualmente transmissíveis ou consequências interpessoais.

O episódio maníaco deve provocar prejuízo acentuado no funcionamento social ou profissional ou necessitar de hospitalização para a prevenção de dano a si ou a outras pessoas (p. ex., perdas financeiras, atividades ilegais, perda de emprego, comportamento autodestrutivo). Por definição, a presença de características psicóticas durante um episódio maníaco também satisfaz o Critério C.

Sinais ou sintomas de mania que são atribuídos a efeitos fisiológicos de uma droga de abuso (p. ex., no contexto de intoxicação por cocaína ou anfetamina), a efeitos colaterais de medicamentos ou tratamentos (p. ex., esteroides, L-dopa, antidepressivos, estimulantes) ou a outra condição médica não justificam o diagnóstico de Transtorno Bipolar tipo I. Um episódio maníaco completo, no entanto, surgido durante tratamento (p. ex., medicamentos, eletroconvulsoterapia, fototerapia) ou uso de droga e que persiste além do efeito fisiológico do agente indutor (após o medicamento estar completamente ausente do organismo do indivíduo ou os efeitos esperados da eletroconvulsoterapia estarem totalmente dissipados) é evidência suficiente para um diagnóstico 3e episódio maníaco (Critério D). Indica-se cautela para que um ou mais sintomas (principalmente aumento da irritabilidade, nervosismo ou agitação após uso de antidepressivo) não sejam considerados suficientes para o diagnóstico de um episódio maníaco ou hipomaníaco nem necessariamente uma indicação de diátese bipolar. É necessário preencher o critério para um episódio maníaco para o diagnóstico de Transtorno Bipolar tipo I, mas não há necessidade de haver episódios hipomaníacos ou depressivos maiores. Eles podem, contudo, anteceder ou seguir um episódio maníaco. Descrições completas das características diagnosticas de um episódio hipomaníaco podem ser encontradas no texto do Transtorno Bipolar tipo D, e as características de um episódio depressivo maior estão descritas no texto sobre transtorno depressivo maior.

➤ Prevalência

A prevalência em 12 meses estimada nos Estados Unidos foi de 0,6% para Transtorno Bipolar tipo I, como definido no DSM-V. A prevalência em 12 meses do transtorno em 11 países variou de 0,0 a 0, 6%. A razão da prevalência ao longo da vida entre indivíduos do sexo masculino e do sexo feminino é de aproximadamente 1,1:1.

➤ Desenvolvimento e Curso

A média de idade de início do primeiro episódio maníaco, hipomaníaco ou depressivo maior é de cerca de 18 anos para Transtorno Bipolar tipo I. Considerações especiais são necessárias para o diagnóstico em crianças. Uma vez que crianças com a mesma idade podem estar em estágios do desenvolvimento diferentes, fica difícil definir com precisão o que é "normal" ou "esperado" em um determinado ponto. Assim, cada criança deve ser considerada de acordo com seu comportamento habitual. O início ocorre ao longo do ciclo de vida, inclusive os primeiros sintomas podem iniciar aos 60 ou 70 anos. O início dos sintomas maníacos (p. ex., desinibição sexual ou social) no fim da vida adulta ou na senescência deve indicar a possibilidade de condições médicas (p. ex., transtorno neurocognitivo frontotemporal) e de ingestão ou abstinência de substância.

Mais de 90% dos indivíduos que tiveram um único episódio de mania têm episódios recorrentes de humor. Cerca de 60% dos episódios maníacos ocorrem imediatamente antes de um episódio depressivo maior. Pessoas com Transtorno Bipolar tipo I que tiveram múltiplos episódios (quatro ou mais) de humor (depressivo maior, maníaco ou hipomaníaco) em um ano recebem o especificador "com ciclagem rápida".

➤ Fatores de Risco e Prognóstico

Ambientais. Transtorno Bipolar é mais comum em países com pessoas com renda elevada do que com renda mais baixa (1,4 vs. 0,7%). Pessoas separadas, divorciadas ou viúvas têm taxas mais altas de Transtorno Bipolar tipo I do que aquelas casadas ou que nunca casaram, mas o sentido em que a associação se modifica não é clara.

Genéticos e fisiológicos. História familiar de Transtorno Bipolar é um dos fatores de risco mais fortes e mais consistentes para transtornos dessa categoria. Há, em média, risco 10 vezes maior entre parentes adultos de indivíduos com transtornos bipolar tipo I e tipo II. A magnitude do risco aumenta com o grau de parentesco. Esquizofrenia e Transtorno Bipolar provavelmente partilham uma origem genética, refletida na coagregação familiar de esquizofrenia e Transtorno Bipolar.

Modificadores do curso. Depois que uma pessoa teve um episódio maníaco com características psicóticas, há maior probabilidade de os episódios maníacos subsequentes incluírem características psicóticas. A recuperação incompleta entre os episódios é mais comum quando o episódio atual está acompanhado de características psicóticas incongruentes com o humor.

➤ **Questões Diagnosticas Relativas à Cultura**

Há poucas informações sobre diferenças culturais específicas na apresentação do Transtorno Bipolar tipo I. Uma explicação possível para isso pode ser a de que os instrumentos diagnósticos costumam ser traduzidos e aplicados em culturas diferentes sem validação transcultural. Em um estudo norte-americano, a prevalência em 12 meses de Transtorno Bipolar tipo I foi significativamente mais baixa para afro-caribenhos do que para afro-americanos ou brancos.

➤ **Questões Diagnosticas Relativas ao Gênero**

Indivíduos do sexo feminino são mais suscetíveis a estados de ciclagem rápida e mistos e a padrões de comorbidade que diferem daqueles do sexo masculino, incluindo taxas mais altas de transtornos alimentares ao longo da vida. Indivíduos do sexo feminino com Transtorno Bipolar tipo I ou tipo II têm maior probabilidade de apresentar sintomas depressivos. Também têm risco maior ao longo da vida de transtorno por uso de álcool do que os indivíduos do sexo masculino e uma probabilidade ainda maior de transtorno por uso de álcool do que indivíduos do sexo feminino na população em geral.

➢ **Risco de Suicídio**

O risco de suicídio ao longo da vida em pessoas com Transtorno Bipolar é estimado em pelo menos 15 vezes o da população em geral. Na verdade, o Transtorno Bipolar pode responder por um quarto de todos os suicídios. História pregressa de tentativa de suicídio e o percentual de dias passados em depressão no ano anterior estão associados com risco maior de tentativas de suicídio e sucesso nessas tentativas.

➢ **Consequências Funcionais do Transtorno Bipolar Tipo I**

Embora muitos indivíduos com Transtorno Bipolar retornem a um nível totalmente funcional entre os episódios, aproximadamente 30% mostram prejuízo importante no funcionamento profissional. A recuperação funcional está muito aquém da recuperação dos sintomas, em especial em relação à recuperação do funcionamento profissional, resultando em condição socioeconômica inferior apesar de níveis equivalentes de educação, quando comparados com a população em geral. Indivíduos com Transtorno Bipolar tipo I têm desempenho pior do que pessoas saudáveis em testes cognitivos. Os prejuízos cognitivos podem contribuir para dificuldades profissionais e interpessoais e persistir ao longo da vida, mesmo durante períodos eutímicos.

➤ Diagnóstico Diferencial

Transtorno depressivo maior. Transtorno depressivo maior pode também vir acompanhado de sintomas hipomaníacos ou maníacos (menos sintomas ou por período menor do que o necessário para mania ou hipomania). Quando o indivíduo se apresenta em um episódio de depressão maior, deve-se atentar para episódios anteriores de mania ou hipomania. Sintomas de irritabilidade podem estar associados a transtorno depressivo maior ou a Transtorno Bipolar, aumentando a complexidade diagnóstica.

Outros transtornos bipolares. O diagnóstico de Transtorno Bipolar tipo I se diferencia do de Transtorno Bipolar tipo II pela presença de algum episódio anterior de mania. Outro Transtorno Bipolar e transtornos relacionados especificado ou Transtorno Bipolar e transtornos relacionados não especificado devem ser diferenciados dos transtornos bipolar tipo I e tipo II, considerando-se se os episódios com sintomas maníacos ou hipomaníacos ou os episódios com sintomas depressivos preenchem plenamente ou não os critérios para aquelas condições.

Um Transtorno Bipolar devido a outra condição médica pode ser diferenciado dos transtornos bipolar tipo I e tipo II pela identificação, baseada nas melhores evidências clínicas, de uma condição médica com relação causai.

Transtorno de Ansiedade Generalizada (TAG), Transtorno de Pânico, transtorno do estresse pós-traumático (TEPT) ou outros transtornos de ansiedade. Esses transtornos devem ser considerados no diagnóstico diferencial tanto como transtorno primário quanto, em alguns casos, como transtorno comórbido. Uma história clínica cuidadosa é necessária para diferenciar transtorno de ansiedade generalizada de Transtorno Bipolar, uma vez que ruminações ansiosas podem ser confundidas com pensamentos acelerados, e esforços para minimizar sentimentos de ansiedade podem ser entendidos como comportamento impulsivo. Da mesma maneira, sintomas de transtorno de estresse pós-traumático precisam ser diferenciados de Transtorno Bipolar. É útil considerar a natureza episódica dos sintomas descritos, bem como avaliar possíveis desencadeadores dos sintomas, ao ser feito esse diagnóstico diferencial.

Transtorno Bipolar induzido por substância/medicamento. Transtornos por uso de substancias podem se manifestar com sintomas maníacos induzidos por substância/medicamento e precisam ser diferenciados de Transtorno Bipolar tipo I. A resposta a estabilizadores do humor durante mania induzida por substância/medicamento pode não ser, necessariamente, suficiente Para se diagnosticar Transtorno Bipolar. Pode existir sobreposição substancial diante da tendência de pessoas com Transtorno Bipolar tipo I a utilizar substâncias em demasia durante um episódio. Um diagnóstico primário de Transtorno Bipolar deve ser estabelecido com base nos sintomas que persistem depois que as substâncias não estejam mais sendo usadas.

Transtorno do Déficit de Atenção com Hiperatividade (TDAH). Este transtorno pode ser erroneamente diagnosticado como Transtorno Bipolar, em especial em adolescentes e crianças. São muitos os sintomas sobrepostos com os sintomas de mania, como fala rápida, pensamentos acelerados, distratibilidade e menor necessidade de sono. A "dupla contagem" de sintomas voltados tanto ao TDAH como ao Transtorno Bipolar pode ser evitada se o clínico esclarecer se o(s) sintoma(s) representa(m) um episódio distinto.

Transtornos da personalidade. Os transtornos da personalidade, como o Transtorno de Personalidade Borderline, podem ter sobreposição sintomática substancial com transtornos bipolares, uma vez que labilidade do humor e impulsividade são comuns nas duas condições. Para o diagnóstico de Transtorno Bipolar, os sintomas devem representar um episódio distinto e um aumento notável em relação ao comportamento habitual do indivíduo. Não deve ser feito diagnóstico de transtorno da personalidade durante episódio de humor não tratado.

Transtornos com irritabilidade acentuada. Em indivíduos com irritabilidade importante, especialmente crianças e adolescentes, deve-se ter o cuidado de diagnosticar Transtorno Bipolar apenas aos que tiveram um episódio claro de mania ou hipomania, isto é, um período de tempo distinto, com a duração necessária, durante o qual a irritabilidade foi claramente diferente do comportamento habitual do indivíduo e foi acompanhada pelo início dos sintomas do Critério B. Quando a irritabilidade de uma criança é persistente e particularmente grave, é mais apropriado. O diagnóstico de transtorno disruptivo da desregulação do humor. De fato, quando qualquer criança está sendo avaliada para mania, é fundamental que os sintomas representem uma mudança inequívoca de seu comportamento típico.

➢ Comorbidade

Transtornos mentais comórbidos são comuns, sendo os mais frequentes os transtornos de ansiedade (p. ex., ataques de pânico, transtorno de ansiedade, fobia social, fobia específica), que ocorrem em cerca de três quartos dos indivíduos. Qualquer transtorno disruptivo, TDAH, 1 transtorno do controle de impulsos ou da conduta (p. ex., transtorno explosivo intermitente, transtorno de oposição desafiante, transtorno da conduta) e qualquer transtorno por uso de substância (p. ex., transtorno por uso de álcool) ocorrem em mais da metade dos indivíduos com Transtorno Bipolar tipo I. Adultos com Transtorno Bipolar tipo I apresentam taxas elevadas de condições médicas comórbidas sérias e/ou não tratadas. Síndrome metabólica e enxaqueca são mais comuns entre pessoas com Transtorno Bipolar do que na população em geral. Mais da metade das pessoas cujos sintomas satisfazem os critérios de Transtorno Bipolar tem um transtorno por uso de álcool, e aquelas com os dois transtornos têm grande risco de tentar suicídio.

Critérios Diagnósticos para Episódio Hipomaníaco

A. Um período distinto de humor anormal e persistentemente elevado, expansivo ou irritável e aumento anormal e persistente da atividade ou energia, com duração mínima de quatro dias consecutivos e presente na maior parte do dia, quase todos os dias.

B. Durante o período de perturbação do humor e aumento de energia e atividade, três (ou mais) dos seguintes sintomas (quatro se o humor é apenas irritável) persistem, representam uma mudança notável em relação ao comportamento habitual e estão presentes em grau significativo:

1. Autoestima inflada ou grandiosidade.

2. Redução da necessidade de sono (p. ex., sente-se descansado com apenas três horas de sono).

3. Mais loquaz que o habitual ou pressão para continuar falando.

4. Fuga de ideias ou experiência subjetiva de que os pensamentos estão acelerados.

5. Distratibilidade (a atenção é desviada muito facilmente por estímulos externos insignificantes ou irrelevantes), conforme relatado ou observado.

6. Aumento da atividade dirigida a objetivos (seja socialmente, no trabalho ou escola, seja sexualmente) ou agitação psicomotora.

7. Envolvimento excessivo em atividades com elevado potencial para consequências dolorosas (p. ex., envolvimento em surtos desenfreados de compras, indiscrições sexuais ou investimentos financeiros insensatos).

C. O episódio está associado a uma mudança clara no funcionamento que não é característica do indivíduo quando assintomático.

D. A perturbação do humor e a mudança no funcionamento são observáveis por outras pessoas.

E* O episódio não é suficientemente grave a ponto de causar prejuízo acentuado no funcionamento social ou profissional ou para necessitar de hospitalização. Existindo características psicóticas, por definição, o episódio é maníaco.

F. O episódio não é atribuível aos efeitos fisiológicos de uma substância (p. ex., droga de abuso, medicamento, outro tratamento).

Nota 1: Um episódio hipomaníaco completo que surge durante tratamento antidepressivo (p. ex., medicamento, eletroconvulsoterapia), mas que persiste em um nível de sinais e sintomas além do efeito fisiológico desse tratamento, é evidência suficiente para um diagnóstico de episódio hipomaníaco. Recomenda-se, porém, cautela para que 1 ou 2 sintomas (principalmente, aumento da irritabilidade, nervosismo ou agitação após uso de antidepressivo) não sejam considerados suficientes para o diagnóstico de episódio hipomaníaco nem necessariamente indicativos de uma diátese bipolar.
Nota 2: Os Critérios A-F representam um episódio hipomaníaco. Esses episódios são comuns no Transtorno Bipolar do tipo I, embora não necessários para o diagnóstico desse transtorno.

Fonte: Manual Diagnóstico e Estatístico de Transtornos Mentais, (APA, 2018).

Episódio Depressivo Maior

A. Cinco (ou mais) dos seguintes sintomas estiveram presentes durante o mesmo período de duas semanas e representam uma mudança em relação ao funcionamento anterior; pelo menos um dos sintomas é (1) humor deprimido ou (2) perda de interesse ou prazer. **Nota**: Não incluir sintomas que sejam claramente atribuíveis a outra condição médica.

1. Humor deprimido na maior parte do dia, quase todos os dias, conforme indicado por relato subjetivo (p. ex., sente-se triste, vazio ou sem esperança) ou por observação feita por outra pessoa (p. ex., parece choroso). (**Nota:** Em crianças e adolescentes, pode ser humor irritável).

2. Acentuada diminuição de interesse ou prazer em todas, ou quase todas, as atividades na maior parte do dia, quase todos os dias (conforme indicado por relato subjetivo ou observação feita por outra pessoa).

3. Perda ou gapho significativo de peso sem estar fazendo dieta (p. ex., mudança de mais de 5% do peso^corporal em um mês) ou redução ou aumento no apetite quase todos os dias. (Nota: Em crianças, considerar o insucesso em obter o ganho de peso esperado.)

4. Insônia ou hipersonia quase diária.

5. Agitação ou retardo psicomotor quase todos os dias (observável por outras pessoas; não meramente sensações subjetivas de inquietação ou de estar mais lento).

6. Fadiga ou perda de energia quase todos os dias.

7. Sentimentos de inutilidade ou culpa excessiva ou inapropriada (que podem ser delirantes) quase todos os dias (não meramente autorrecriminação ou culpa por estar doente).

8. Capacidade diminuída para pensar ou se concentrar, ou indecisão quase todos os dias (por relato subjetivo ou observação feita por outra pessoa).

9. Pensamentos recorrentes de morte (não somente medo de morrer), ideação suicida recorrente sem um plano específico, tentativa de suicídio ou plano específico para cometer suicídio.

B. Os sintomas causam sofrimento clinicamente significativo ou prejuízo no funcionamento social, profissional ou em outras áreas importantes da vida do indivíduo.

C. O episódio não é atribuível aos efeitos fisiológicos de uma substância ou a outra condição médica.

Nota 1: Os Critérios A-C representam um episódio depressivo maior. Esse tipo de episódio é comum no Transtorno Bipolar tipo I, embora não seja necessário para o diagnóstico desse transtorno. **Nota 2:** Respostas a uma perda significativa (p. ex., luto, ruína financeira, perdas por desastre natural, doença médica grave ou incapacidade) podem incluir sentimentos de tristeza intensos, ruminação Cerca da perda, insônia, falta de apetite e perda de peso observados no Critério A, que podem se assemelhar a um episódio depressivo. Embora tais sintomas possam ser entendidos ou considerados apropriados à perda, a presença de um episódio depressivo maior, além da resposta normal a uma perda significativa, deve ser também cuidadosamente considerada. Essa decisão exige inevitavelmente exercício do juízo clínico, baseado na história do indivíduo e nas normas culturais para a expressão de sofrimento no contexto de uma perda.

Fonte: Manual Diagnóstico e Estatístico de Transtornos Mentais. (APA, 2018).

➢ **Características Diagnosticas**

O Transtorno Bipolar tipo II caracteriza-se por um curso clínico de episódios de humor recorrentes, consistindo em um ou mais episódios depressivos maiores (Critérios A-C em "Episódio Depressivo Maior") e pelo menos um episódio hipomaníaco (Critérios A-F em "Episódio Hipomaníaco"). O episódio depressivo maior deve ter duração de pelo menos duas semanas, e o hipomaníaco, de, no mínimo, quatro dias, para que sejam satisfeitos os critérios diagnósticos. Durante o(s) episódio(s) de humor, a quantidade necessária de sintomas deve estar presente na maior parte do dia, quase todos os dias, além de os sintomas representarem uma mudança notável do comportamento e do funcionamento habituais.

A presença de um episódio maníaco durante o curso da doença exclui o diagnóstico de Transtorno Bipolar tipo II (Critério B em "Transtorno Bipolar tipo II"). Episódios de transtorno depressivo induzido por substância/medicamento ou de Transtorno Bipolar e transtorno relacionado induzido por substância/medicamento (devido aos efeitos fisiológicos de um fármaco, outros tratamentos somáticos para depressão, drogas de abuso ou exposição a toxina) ou transtorno depressivo e transtorno relacionado devido a outra condição médica ou Transtorno Bipolar e transtorno relacionado devido a outra condição médica não contam para o diagnóstico de Transtorno Bipolar tipo II, a menos que persistam além dos efeitos fisiológicos do tratamento ou da substância e atendam aos critérios de duração para um episódio. Além disso, os episódios não devem ser mais bem explicados por transtorno esquizoafetivo, não estando sobreposto à esquizofrenia, ao transtorno esquizofreniforme, ao transtorno delirante ou a outro transtorno do espectro da esquizofrenia ou outros transtornos psicóticos especificado ou ao transtorno do espectro esquizofrenia e outros transtornos psicóticos não espedficado (Critério C em "Transtorno Bipolar tipo II").

Os episódios depressivos ou as oscilações hipomaníacas devem causar sofrimento ou prejuízo clinicamente significativo no funcionamento social, profissional ou em outras áreas importantes da vida do indivíduo (Critério D em "Transtorno Bipolar tipo D"); para episódios hipomaníacos, porém, essa exigência não precisa ser atendida. Um episódio hápemaníaco que causa prejuízo significativo poderia ser diagnosticado como episódio maníaco e diagnóstico de

Transtorno Bipolar tipo I ao longo da vida. Os episódios depressivos maiores recorrentes costunjam ser mais freqüentes e prolongados do que os que ocorrem no Transtorno Bipolar tipo I.

Pessoas com Transtorno Bipolar tipo II normalmente se apresentam ao clínico durante um episódio depressivo maior, sendo improvável que se queixem inicialmente de hipomania. Em geral, ós episódios hipomaníacos não causam prejuízo por si mesmos. Em vez disso, o prejuízo é conseqüência dos episódios depressivos maiores ou do padrão persistente de mudanças e oscilações , unprevisíveis de humor e da instabilidade do funcionamento interpessoal ou profissional. Os indivíduos com Transtorno Bipolar tipo II podem não encarar os episódios hipomaníacos como patológicos ou prejudiciais, embora outras pessoas possam se sentir perturbadas por seu comportamento . Çrrático. Informações clínicas dadas por outras pessoas, como amigos mais próximos ou parentes, costumam ser úteis para o estabelecimento de um diagnóstico de Transtorno Bipolar tipo II.

Um episódio hipomaníaco não deve ser confundido com os vários dias de eutimia e de restauração da energia ou da atividade que podem vir após a remissão de um episódio depressivo maior. Apesar das diferenças substanciais na duração e na gravidade entre um episódio maníaco e um hipomaníaco, o Transtorno Bipolar tipo II não representa uma "forma mais leve" do Transtorno Bipolar tipo I. Comparados com indivíduos com Transtorno Bipolar tipo I, os que apresentam Transtorno Bipolar tipo II têm maior cronicidade da doença e passam, em média, mais tempo na fase depressiva, que pode ser grave e/ou incapacitante. Sintomas depressivos durante um episódio hipomaníaco ou sintomas hipomaníacos durante um episódio depressivo são comuns em indivíduos com Transtorno Bipolar tipo II e são mais comuns no sexo feminino, especialmente hipomania com características mistas. Indivíduos com hipomania com características mistas podem não caracterizar seus sintomas como hipomania, experimentando-os como depressão com aumento de energia ou irritabilidade.

➤ Características Associadas que Apoiam o Diagnóstico

Uma característica comum do Transtorno Bipolar tipo II é a impulsividade, que pode contribuir com tentativas de suicídio e transtornos por uso de substância. A impulsividade pode também se originar de um transtorno da personalidade comórbido, transtorno por uso de substância, transtorno de ansiedade, outro transtorno mental ou uma condição médica. Pode haver níveis aumentados de criatividade em alguns indivíduos com Transtorno Bipolar. A relação pode ser, no entanto, não linear; isto é, grandes realizações criativas na vida têm sido associadas a formas mais leves de Transtorno Bipolar, e criatividade superior foi identificada em familiares não afetados. A satisfação que o indivíduo tem com a criatividade aumentada durante episódios hipomaníacos pode contribuir para ambivalência quanto a buscar tratamento ou prejudicar a adesão a ele.

➤ Prevalência

A prevalência em 12 meses do Transtorno Bipolar tipo II, internacionalmente, é de 0,3%. Nos Estados Unidos, a prevalência em 12 meses é de 0,8%. A taxa de prevalência do Transtorno Bipolar tipo II pediátrico é difícil de estabelecer. No DSM-IV, transtornos bipolar tipo I, bipolar tipo II e bipolar sem outras especificações resultaram em uma taxa de prevalência combinada de 1,8% em amostras de comunidades nos Estados Unidos e fora do país, com taxas superiores (2,7% inclusive) em jovens com 12 anos de idade ou mais.

➢ Desenvolvimento e Curso

Embora o Transtorno Bipolar tipo II possa começar no fim da adolescência e durante a fase adulta, a idade média de início ocorre por volta dos 25 anos, o que é um pouco mais tarde em comparação ao Transtorno Bipolar tipo I e mais cedo em comparação ao transtorno depressivo maior. Normalmente, a doença inicia com um episódio depressivo e não é reconhecida como Transtorno Bipolar tipo II até o surgimento de um episódio hipomaníaco, o que acontece em cerca de 12% das pessoas com diagnóstico inicial de transtorno depressivo maior. Transtorno de ansiedade, por uso de substância ou transtorno alimentar podem também anteceder o diagnóstico, complicando sua detecção. Muitos indivíduos têm vários episódios de depressão maior antes da identificação do primeiro episódio hipomaníaco.

A quantidade de episódios na vida (hipomaníacos e depressivos maiores) tende a ser superior para Transtorno Bipolar tipo II em comparação a transtorno depressivo maior ou Transtorno Bipolar tipo I. No entanto, indivíduos com Transtorno Bipolar I estão, na realidade, mais propensos a ter sintomas hipomaníacos do que aqueles com Transtorno Bipolar tipo II. O intervalo entre episódios de humor, no curso de um Transtorno Bipolar tipo II, tende a diminuir com o envelhecimento. Enquanto o episódio hipomaníaco é a característica que define o Transtorno Bipolar tipo II, os episódios depressivos são mais duradouros e incapacitantes ao longo do tempo. Apesar do predomínio da depressão, ocorrido um episódio hipomaníaco, o diagnóstico passa a Transtorno Bipolar tipo II e jamais se reverte para transtorno depressivo maior.

Aproximadamente 5 a 15% dos indivíduos com Transtorno Bipolar tipo II têm múltiplos (quatro ou mais) episódios de humor (hipomaníaco ou depressivo maior) nos 12 meses anteriores. Quando presente, esse padrão é registrado pelo especificador "com ciclagem rápida". Por definição, sintomas psicóticos não ocorrem em episódios hipomaníacos e parecem ser menos freqüentes em episódios depressivos maiores do Transtorno Bipolar tipo II do que nos do Transtorno Bipolar tipo I.

Mudança de um episódio depressivo para um maníaco ou hipomaníaco (com ou sem características mistas) pode ocorrer tanto espontaneamente como durante o tratamento para depressão. Cerca de 5 a 15% dos indivíduos com Transtorno Bipolar tipo II acabam por desenvolver um episódio maníaco, o que muda o diagnóstico para Transtorno Bipolar tipo I, independentemente do curso posterior.

Costuma ser um desafio fazer o diagnóstico em crianças, sobretudo naquelas com irritabilidade e hiperexcitabilidade não episódicas (ausência de períodos bem delimitados de humor alterado). Irritabilidade não episódica nos jovens está associada a risco elevado para transtornos de ansiedade e transtorno depressivo maior, mas não Transtorno Bipolar, na vida adulta. Jovens persistentemente irritáveis têm taxas familiares inferiores de Transtorno Bipolar, na comparação com jovens com Transtorno Bipolar. Para o diagnóstico de um episódio hipomaníaco, os sintomas da criança devem exceder o esperado em determinado ambiente e cultura para seu estágio de desenvolvimento. Comparado ao início no adulto, o início do Transtorno Bipolar tipo II na infância ou na adolescência pode estar associado a um curso mais grave ao longo da vida. A taxa de incidência em três anos do início do Transtorno Bipolar tipo II em adultos com mais de 60 anos é dé 0,34%. No entanto, distinguir indivíduos com mais de 60 anos com Transtorno Bipolar tipo II de início precoce ou tardio não parece ter qualquer utilidade clínica.

➢ Fatores de Risco e Prognóstico Genéticos e fisiológicos

O risco de Transtorno Bipolar tipo II tende a ser mais elevado entre parentes de pessoas com essa condição, em oposição a pessoas com Transtorno Bipolar tipo I ou tránstorno depressivo maior. Pode haver fatores genéticos influenciando a idade do início de transtornos bipolares. 0 risco de suicídio no Transtorno Bipolar tipo II. Cerca de um terço dos indivíduos com iranstomo relata história de tentativa de suicídio ao longo da vida. As taxas de prevalência de tentados durante a vida, nos transtornos bipolar tipo I e tipo II, parecem assemelhar-se (32,4 e 36,3%, respectivamente). A letalidade das tentativas, entretanto, definida por uma proporção menor de tentativas até suicídios consumados, pode ser maior em indivíduos com Transtorno Bipolar tipo II comparados àqueles com Transtorno Bipolar tipo I. Pode existir associação entre marcadores genéticos e risco aumentado de comportamento suicida em indivíduos com Transtorno Bipolar, incluindo risco 6,5 vezes maior de suicídio entre parentes de primeiro grau de probandos com Transtorno Bipolar tipo II comparados aos com Transtorno Bipolar tipo I.

➤ Consequências Funcionais do Transtorno Bipolar Tipo II

Embora muitas pessoas com Transtorno Bipolar tipo II voltem a um nível totalmente funcional entre os episódios de humor, pelo menos 15% continuam a ter alguma disfunção entre os episódios, e 20% mudam diretamente para outro episódio de humor sem recuperação entre episódios. A recuperação funcional está muito aquém da recuperação dos sintomas do Transtorno Bipolar tipo II, especialmente no que diz respeito à recuperação profissional, resultando em condição socioeconômica mais baixa apesar de níveis equivalentes de educação em comparação com a população em geral. Indivíduos com Transtorno Bipolar tipo II têm desempenho inferior ao daqueles saudáveis em testes cognitivos e, exceto em memória e fluência semântica, têm prejuízo cognitivo similar ao de pessoas com Transtorno Bipolar tipo I. Os prejuízos cognitivos associados ao Transtorno Bipolar tipo II podem contribuir para dificuldades no trabalho. Desemprego prolongado em indivíduos com Transtorno Bipolar está associado a mais episódios de depressão, idade mais avançada, taxas maiores de transtorno de pânico atual e história de transtorno por uso de álcool ao longo da vida.

➢ **Diagnóstico Diferencial**

Transtorno depressivo maior. Talvez o diagnóstico diferencial mais desafiador a ser considerado é o de transtorno depressivo maior, que pode estar acompanhado de sintomas hipomaníacos ou maníacos que não satisfazem a totalidade dos critérios (menos sintomas ou menor duração que o necessário para um episódio hipomaníaco). Isso é especialmente verdadeiro na avaliação de pessoas com sintomas de irritabilidade, que podem estar associados a transtorno depressivo maior ou a Transtorno Bipolar tipo II.

Transtorno ciclotímico. No transtorno ciclotímico, há vários períodos de sintomas hipomaníacos e inúmeros períodos de sintomas depressivos que não atendem aos critérios de números de sintomas ou de duração para episódio depressivo maior. O Transtorno Bipolar tipo II é diferente do transtorno ciclotímico pela presença de um ou mais episódios depressivos. Quando ocorre um episódio depressivo maior após os dois primeiros anos de transtorno ciclotímico, é estabelecido o diagnóstico adicional de Transtorno Bipolar tipo II.

Transtornos do espectro da esquizofrenia e outros transtornos psicóticos relacionados. O Transtorno Bipolar tipo II deve ser diferenciado de transtornos psicóticos (p. ex., transtorno esquizoafetivo, esquizofrenia e transtorno delirante). Esquizofrenia, transtorno esquizoafetivo e transtorno delirante são todos caracterizados por períodos de sintomas psicóticos que ocorrem na ausência de sintomas acentuados de humor. Outras considerações úteis incluem os sintomas associados, o curso anterior e a história familiar.

Transtorno de pânico e outros transtornos de ansiedade. Transtornos de ansiedade precisam ser levados em conta no diagnóstico diferencial e podem, com frequência, estar presentes como transtornos comórbidos.

Transtornos por uso de substância. Transtornos por uso de substância fazem parte do diagnóstico diferencial. Transtorno de déficit de atenção/hiperatividade. Transtorno de déficit de atenção/hiperatividade pode ser diagnosticado erroneamente como Transtorno Bipolar tipo II, sobretudo em adolescentes e crianças. Muitos sintomas de TDAH, como rapidez da fala, velocidade dos pensamentos, distratibilidade e menor necessidade de sono, sobrepõem-se aos de hipomania. A "dupla contagem" de sintomas para TDAH e Transtorno Bipolar tipo II pode ser evitada se o clínico esclarecer se os sintomas representam um episódio distinto e se o aumento notável em relação ao comportamento habitual do indivíduo, necessário para o diagnóstico de Transtorno Bipolar tipo II, está presente.

Transtornos da personalidade. A mesma convenção aplicada para o TDAH vale para a avaliação de um indivíduo para transtorno da personalidade, como o transtorno da personalidade borderline, uma vez que a oscilação do humor e a impulsividade são comuns nos transtornos da personalidade e no Transtorno Bipolar tipo D. Os sintomas devem representar um episódio distinto, e o aumento notável em relação ao comportamento habitual do indivíduo, necessário para o diagnóstico de Transtorno Bipolar tipo n, deve estar presente. Não deve ser feito diagnóstico de transtorno da personalidade durante episódio não tratado de humor, a não ser que a história de vida apoie a presença de um transtorno da personalidade.

Outros transtornos bipolares. Diagnóstico de Transtorno Bipolar tipo II deve ser diferenciado de Transtorno Bipolar tipo I pela avaliação criteriosa quanto a ter havido ou não episódios passados de mania. Deve ser diferenciado de outro Transtorno Bipolar e transtornos relacionados especificado ou Transtorno Bipolar e transtorno relacionado não especificado pela confirmação da presença de episódios completos de hipomania e depressão.

➤ **Comorbidade**

O Transtorno Bipolar tipo II é associado, com muita frequência, a um ou mais de um transtorno mental comórbido, sendo os transtornos de ansiedade os mais comuns. Cerca de 60% das pessoas com Transtorno Bipolar tipo II têm três ou mais transtornos mentais comórbidos; 75% têm transtorno de ansiedade; e 37%, transtorno por uso de substância. Crianças e adolescentes com Transtorno Bipolar tipo II têm uma taxa superior de transtornos de ansiedade comórbidos comparados àqueles com Transtorno Bipolar tipo I, e o transtorno de ansiedade ocorre mais frequentemente antes do Transtorno Bipolar. Transtorno de ansiedade e transtornos por uso de substâncias ocorrem em indivíduos com Transtorno Bipolar tipo II em proporção mais alta do que na população em geral. Cerca de 14% das pessoas com Transtorno Bipolar tipo II têm pelo menos um transtorno alimentar ao longo da vida, com o transtorno de compulsão alimentar sendo mais comum que a bulimia nervosa e a anorexia nervosa. Esses transtornos comórbidos geralmente parecem não seguir um curso que seja realmente independente daquele do Transtorno Bipolar; têm, isto sim, fortes associações com os estados de humor. Por exemplo, transtornos de ansiedade e transtornos alimentares tendem a associar-se mais com sintomas depressivos, e transtornos por uso de substâncias estão moderadamente associados a sintomas maníacos.

Diagnósticos Diferenciais

A mania, particularmente nas formas mais graves associadas a delírios paranoides, agitação e irritabilidade, pode ser difícil de distinguir da esquizofrenia, que apresenta em geral maior número de delírios incongruentes com o humor e sintomas schneiderianos de primeira ordem (por exemplo: sonorização do pensamento, alucinações auditivas referindo-se ao paciente na terceira pessoa), além de sintomas negativos, como embotamento afetivo. Ideias delirantes de grandeza também podem aparecer na esquizofrenia, porém sem o humor expansivo ou eufórico observado na mania. A hipomania pode ser confundida com estados de humor normais, como a alegria e a irritabilidade que costumam ter fatores desencadeantes positivos ou negativos (como uma boa ou má notícia), que não necessariamente são percebidos pelos outros como diferentes do padrão habitual de humor da pessoa, não causam prejuízos, nem acarretam envolvimento com atividades de risco ou diminuição na necessidade de sono. A hipomania pode ou não ter fatores desencadeantes, podendo estes ser positivos ou negativos, como o falecimento do cônjuge. Frequentemente, a hipomania e o Transtorno Bipolar tipo II podem ser confundidos com transtornos de personalidade, como o antisocial, o narcisista, o histriônico e o borderline. O DSM-V resolve o problema deste diagnóstico diferencial permitindo a comorbidade destes quadros. Os transtornos de personalidade costumam ser mais crônicos, com início na infância ou na adolescência e ter pior resposta ao tratamento medicamentoso. A história familiar de transtorno do humor também auxilia no diagnóstico diferencial. (MORENO; MORENO, 2005).

De acordo com Akiskal et al. (2001 apud Ibidem), a mania e a hipomania com irritabilidade devem ser diferenciadas da depressão unipolar. Nesta, se houver agitação psicomotora, não é tão intensa quanto no TB. O humor depressivo costuma estar presente, a maior parte do tempo, na depressão e não na hipomania ou mania. O diagnóstico diferencial também deve ser feito com transtornos ansiosos que costumam acompanhar as depressões, como o de ansiedade generalizada. Segundo esse mesmo autor, as manias também podem ser caracterizadas por humor ansioso. Novamente a agitação da ansiedade generalizada é menor que a da mania. A história familiar de TB também auxilia no diagnóstico diferencial.

Os transtornos de controle de impulsos, como cleptomania, piromania e transtorno explosivo intermitente devem ser diferenciados da hipomania e da mania. Em geral, estes são caracterizados apenas pelo descontrole da impulsividade, sem queixas de aumento de energia, agitação psicomotora ou diminuição da necessidade do sono, e o descontrole da impulsividade também costuma ser maior no TB. Outro diagnóstico diferencial importante é com a intoxicação ou abstinência de substâncias, já que frequentemente o TB apresenta comorbidade com o abuso ou a dependência de álcool ou outras substâncias. Muitas vezes, o diagnóstico diferencial só é possível por meio de uma pesquisa toxicológica de sangue ou urina.

> O TB é uma condição psicopatológica que apresenta um dos diagnósticos mais demorados. Em geral, o paciente passou por mais de três médicos e recebeu pelo menos três diagnósticos incorretos antes de ser, adequadamente diagnosticado. Psicopatologias que cursam com aumento dos impulsos em

geral (bulimia, TOC, cleptomania, etc.), relacionados a uso de substâncias, Transtorno de Ansiedade, Depressão Unipolar, Psicoses, Transtorno de Déficit de Atenção/hiperatividade, Transtorno da personalidade *Borderline*, Transtorno de Conduta, entre outros, podem ocorrer em comorbidade com o TB; contribuindo para o agravamento da sintomatologia maníaca ou mista, ou constituir unicamente um estado misto ou maníaco. O diagnóstico diferencial pode ser auxiliado pela presença de história familiar de TB ou alcoolismo, idade de início precoce, evolução episódica, concomitância com aceleração de pensamento e aumento da energia e ativação, além das alterações do humor e afetivas. (ALCANTARA et al., 2003)

Em virtude de ignorar-se a elevada prevalência do transtorno do espectro bipolar (TB I e II, Ciclotimia, Hipomania e TB sem outra especificação), as respectivas depressões costumam ser confundidas com quadros exclusivamente unipolares. Além disso, evidenciaram-se uma série de fatores preceptores de Transtorno Bipolar em deprimidos considerados unipolares, fundamentados nos conhecimentos clínico-epidemiológico e terapêutico, acumulados ao longo dos últimos anos:

- História familiar de Transtorno Bipolar em parentes de primeiro grau;
- Mania ou hipomania induzida por antidepressivos;
- Episódios depressivos recorrentes ou breves (em media 3 meses);
- Depressão com múltiplas comorbidades;
- Transtorno de ansiedade relacionada ao uso de substâncias;

- Transtorno da personalidade, da alimentação, do controle dos impulsos;

- Perda de efeitos antidepressivos (resposta aguda, mas não mantida);

- Falta de resposta a três ou mais ensaios antidepressivos.

Em última análise, as depressões unipolares, ou mais respectivamente não-bipolares, representam quadros de prognóstico e evolução mais benignos, sem sintomas psicóticos, sem cronificação, sem múltiplas recorrências e comorbidades, e sem resistência terapêutica ou resposta de piora aos antidepressivos, que se iniciam mais tardiamente em pacientes sem história familiar de transtorno do humor ou alcoolismo. (MORENO et al., 2005 apud BARLOW, 2008).

Características Específicas

A prática clínica cotidiana com pacientes com Transtorno Bipolar do humor (TBH) revela que os casos de comorbidade são bastante frequentes. Diversos estudos epidemiológicos, entre eles o Estudo Nacional de Comorbidade (National Comorbidity Survey–NCS) (KESSLER et al., 1994 apud SANCHES; ASSUNCAO; HETEM, 2005) confirmam esse fato. Os índices de comorbidade entre pacientes com TBH variam de 30% a quase 100%, conforme a metodologia e amostra selecionada. As principais comorbidades em pacientes com TBH são abuso de substâncias e transtornos de ansiedade. Transtornos alimentares, transtornos de personalidade e, entre outras doenças, o hipotireoidismo, a migrânea e a obesidade também são frequentes. Estas últimas são mais comuns em mulheres do que em homens com TBH (ARNOLD, 2003 apud Ibidem).

A prevalência do TB ocorre em proporção igual para ambos os gêneros. Diferentemente, da Depressão Unipolar, no qual a sua incidência é superior no sexo feminino: 1,9% homens e 3,2 % mulheres. As suas manifestações surgem de forma mais comum em grupos com idades oscilantes entre os vinte e os trinta anos. Estudos sobre fatores genéticos revelam também a sua alta herdabilidade: dez vezes maior entre parentes de primeiro grau, com incidência de 67% entre Gêmeos Monozigóticos e 27% para Gêmeos Dizigóticos. (KONRADI et al., 2004 apud VIEIRA, 2006).

Todavia, não existe um consenso na literatura referente às principais comorbidades presentes no TB, pesquisas revelam: 74,9% qualquer Transtorno de Ansiedade; 42,3% Abuso de Substância e 70,1% Multimorbidade. Dados de Metanálises constataram ainda uma taxa média de suicídio em pacientes com TB de 15%, cerca de trinta vezes maior do que na população geral. (MERINKANGAS, 2007 apud KAPCZINSK; QUEVEDO, 2009).

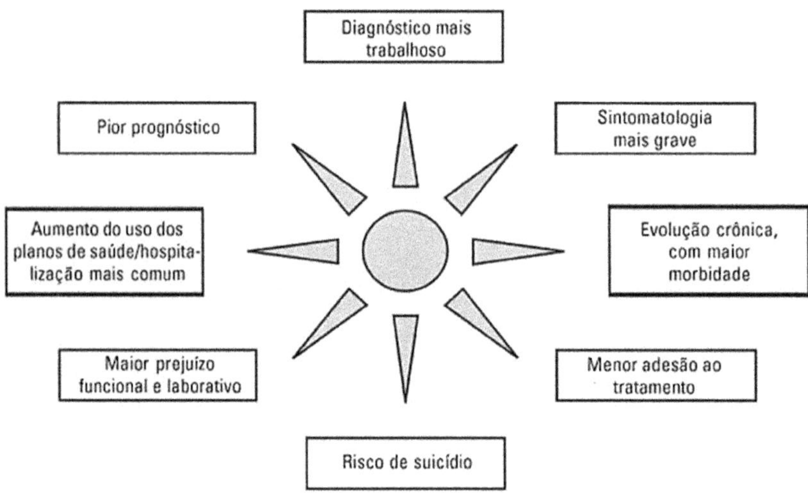

Figura 6. As principais complicações das comorbidades. Invariavelmente, sua presença dificulta o diagnóstico e o manejo clínico do paciente com TB e está associado a um pior prognóstico, tanto em termos de resposta ao tratamento quanto de remissão. Por isso, sua identificação deve ser um dos pontos fundamentais em qualquer protocolo de tratamento para esses pacientes. (SOARES et al., 2002 apud SANCHES; ASSUNCAO; HETEM, 2005).

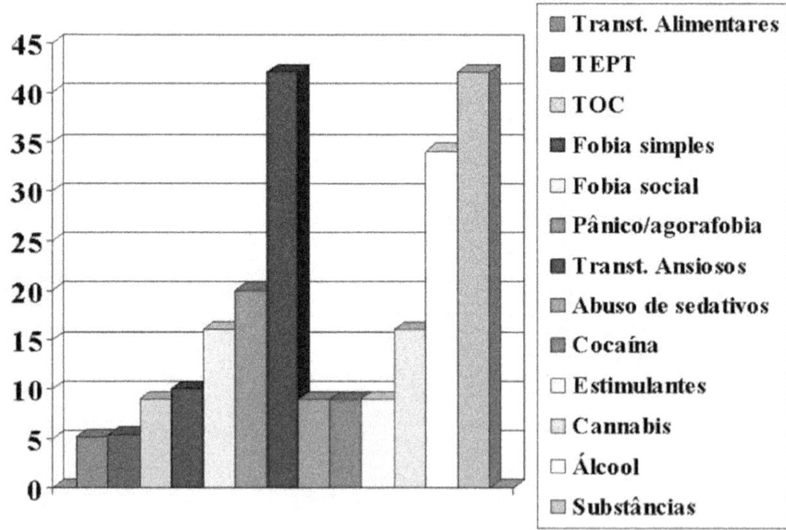

Figura 7. Quadro com as principais Comórbidos presentes no Transtorno Bipolar. (American Journal of Psychiatry, 2001 apud RIBEIRO; LARANJEIRA; CIVIDANES, 2005).

Tratamentos

O tratamento do paciente eutímico deve sempre considerar a possibilidade de o paciente vir a ter episódios de mania e/ou depressão. A eutimia, usualmente, é definida como a remissão dos sintomas, entretanto, idealmente, seria o período no qual o paciente não apenas estaria sem sintomas, mas reintegrado funcionalmente em suas atividades de rotina. O objetivo do tratamento, portanto, é manter o paciente sem sintomas. Assim, a meta principal do tratamento é a remissão e não apenas a resposta clínica (redução de 50% dos sintomas observados), que é comumente usada como medida de desfecho nos ensaios clínicos. O tratamento do Transtorno Bipolar é dividido em três fases: aguda, continuação e manutenção. Os objetivos do tratamento durante a fase aguda são: tratar a mania sem causar depressão e/ou consistentemente melhorar a depressão sem causar mania. A fase de continuação busca estabilizar os benefícios, reduzir os efeitos colaterais, tratar até a remissão, reduzir a possibilidade de recaída e aumentar o funcionamento global. Finalmente, os objetivos do tratamento na fase de manutenção são: prevenir mania e/ou depressão e maximizar recuperação funcional, ou seja, que o paciente continue em remissão. (GOODWIN, 2003 apud SOUZA, 2005).

Existe também a necessidade do tratamento de manutenção no Transtorno Bipolar (TB) porque se estima que a taxa de recorrência seja de 60% a 80% após a interrupção da terapia com Lítio ou antipsicóticos, e 20% a 50% durante algum outro tipo de tratamento (YAZICI et al.,2004 apud Ibidem) para o TB. Além disso, uma proporção considerável de pacientes com TB, mesmo aqueles intensamente monitorados e tratados adequadamente nos episódios agudos, vão ter morbidades relacionadas à doença residual. Como resultado, os objetivos do tratamento em longo prazo incluem não apenas prevenção de comportamento suicida e recorrência de depressão ou mania, mas também melhora dos sintomas subsindrômicos, aderência ao tratamento, qualidade de vida, cognição e desfechos funcionais.

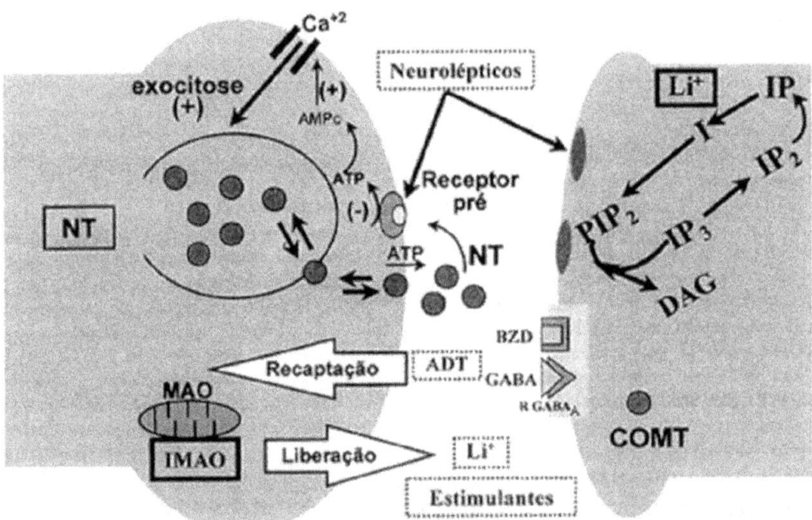

Figura 8. Esquema ilustrativo dos sítios de ação dos principais psicofármacos na transmissão sináptica. Os antidepressivos inibem a monoaminoxidase (MAO) e/ou a recaptura de neurotransmissores, os psicoestimulantes atuam na liberação, os neurolépticos bloqueiam receptores, o Lítio inibe a liberação e interfere com o ciclo do fosfatidinilinositol. Os benzodiazepínicos (BZDs) se ligam a receptores próprios localizados próximos ao receptor GABA-A, potencializando a ação desse transmissor. (GORENSTEIN, 1999).

Psicoterapia & Estabilizadores De Humor

Embora o tratamento farmacológico seja essencial para o tratamento do Transtorno Bipolar, apenas 40% de todos os pacientes que aderem às medicações permanecem assintomáticos durante o período de seguimento, o que tem levado ao desenvolvimento de intervenções psicoterápicas associadas. Dentro desse contexto, Knapp e Isolan (2005) destacam que a Terapia Cognitivo-Comportamental (TCC) é uma terapia breve e estruturada, orientada para a solução de problemas, que envolve a colaboração ativa entre o paciente e o terapeuta para atingir objetivos estabelecidos. Os objetivos da TCC no Transtorno Bipolar são:

1. Educar pacientes e familiares sobre o Transtorno Bipolar, seu tratamento e suas dificuldades associadas à doença;

2. Ensinar métodos para monitorar a ocorrência, a gravidade e o curso dos sintomas;

3. Facilitar a aceitação e a cooperação no tratamento;

4. Oferecer técnicas não-farmacológicas para lidar com sintomas e problemas;

5. Ajudar o paciente a enfrentar fatores estressantes que estejam interferindo no tratamento;

6. Estimular a aceitação da doença;

7. Aumentar o efeito protetor da família;

8. Diminuir o trauma e o estigma associado à doença.

A Terapia Cognitivo-Comportamental (TCC) tem sido a abordagem psicoterápica mais amplamente estudada no Transtorno Bipolar. Vários estudos evidenciam a eficácia dessa técnica no tratamento de pacientes com Transtorno Bipolar, incluindo os citados a seguir. O primeiro estudo controlado avaliando a TCC no Transtorno Bipolar foi realizado por Cochran (1984), no qual foram avaliados 28 pacientes bipolares, comparando TCC individual com o tratamento usual. Cochran utilizou uma abordagem que visava basicamente alterar cognições e comportamentos que interferissem na adesão medicamentosa. Verificou-se que os pacientes que receberam TCC apresentaram taxas mais altas de adesão e menores taxas de hospitalizações ao término do tratamento de seis semanas e após um seguimento de seis meses. Zaretsky et al. (1999) compararam o efeito de 20 sessões de TCC adaptada para depressão bipolar em 11 pacientes com depressão bipolar em uso de estabilizadores de humor com 11 controles com transtorno depressivo maior que recebiam TCC padrão. Houve diminuição significativa nos sintomas depressivos em ambos os grupos.

Fava et al. (2001) avaliaram a TCC em 15 pacientes que recaíram apesar de estarem usando medicação. O tratamento consistiu de dez sessões de 30 minutos a cada semana, que focava no tratamento dos sintomas residuais e incluía psicoeducação, reestruturação cognitiva à terapia de exposição para os sintomas depressivos, ansiosos e para irritabilidade. Esse tratamento se mostrou eficaz no tratamento de sintomas residuais e aumentou o tempo de remissão da doença. (KNAPP e ISOLAN, 2005).

Lam et al. (2000) realizaram um dos primeiros estudos controlados avaliando a TCC em 25 pacientes com Transtorno Bipolar. Nesse estudo piloto verificou-se que a TCC apresentava, em comparação com o tratamento usual, uma diminuição significativa de episódios bipolares durante um período de 12 meses. Um recente ensaio clínico realizado por Lam et al. (2003) analisou 103 pacientes com Transtorno Bipolar tipo I que apresentavam recaídas frequentes, apesar da farmacoterapia adequada randomizados para TCC ou para tratamento usual. O tratamento cognitivo- comportamental consistiu de 14 sessões nos primeiros seis meses e duas sessões adicionais nos seis meses seguintes. Em um período de seguimento de 12 meses, os pacientes que realizaram TCC apresentaram, significativamente, menos episódios de humor, menos dias em um episódio de humor bipolar, menos hospitalizações, menos sintomas subsíndrômicos, lidaram melhor com pródromos maníacos e apresentam melhor funcionamento social. No seguimento de dois anos do mesmo ensaio clínico (Lam et al., 2005) não foi encontrado efeito significativo na redução de recaídas, embora o grupo que recebeu terapia cognitiva apresentou, novamente, significativa redução em número de dias de episódios de humor bipolar, com melhora significativa nas escalas de humor, no funcionamento social, nas estratégias de enfrentamento dos pródromos de depressão e mania, e nas atitudes interpessoais disfuncionais. (KNAPP e ISOLAN, 2005).

A evolução do TB é mais complexa devido à variabilidade das formas clínicas. Convencionou-se medir a extensão de cada episódio contabilizando o tempo decorrido entre o início e o fim de cada fase. Em estudos datando o período anterior ao surgimento dos psicofármacos, os episódios duravam 4 a 13 meses, os intervalos assintomáticos passavam a ser mais curtos, e os episódios, mais longos, até se estabilizarem a partir do quarto ou quinto episódios (SELLARO, 2000 apud BARLOW, 2008).

Medicamentos são cruciais no tratamento do Transtorno Bipolar para diminuição da intensidade e do número de episódios do distúrbio. A necessidade dessa terapêutica pode ser justificada pela forte carga genética e biológica da doença. Afinal, genes e lesões cerebrais não podem ser curados, mas é possível controlar disfunções. O uso correto de estabilizadores como o carbonato de lítio, por exemplo, tende a diminuir em até sete vezes a mortalidade (por suicídio, acidentes e doenças decorrentes de distúrbio imunológicos do organismo) de pacientes bipolares. Os estabilizadores de humor devem ser introduzidos já no início do tratamento e estar presentes em grande parte do tempo e só podem ser alterados ou retirados se houver, claramente, prejuízos importantes relacionados a eles.

A medicação deve ser prescrita também para diminuir a instabilidade de funções psíquicas e corporais – como o sono e o apetite. Essa terapêutica básica precisa ser avaliada como estratégia de longo prazo, uma vez que seus resultados surgem mais claramente em meses ou até em ano. Durante as fases agudas, muitas vezes são utilizados antidepressivos, ou antipsicóticos e benzodiazepínicos nas fases maníacas e mistas. Mas a farmacologia tem limitações. Mesmo os sintomas residuais, entre as fases, nem sempre são passíveis de total controle. Além disso, faz parte do quadro clínico do paciente não acreditar que tem algum problema. Justamente por isso, a psicoterapia, embora por si só não seja suficiente, exerce um papel fundamental para ajudar a pessoa a se conhecer melhor, ficar mais atenta a si, aprendendo a reconhecer os sintomas. Uma função importante da terapia é favorecer o comprometimento do paciente com o tratamento farmacológico, já que uma das principais causas de crises é o abandono de tratamento.

Nome Químico	Nome Comercial
Ácido Valpróico	Depakene, Valpakine
Carbamazepina	Tegretard, Tegretol
Carbonato de Litio	Carbolim, Carbolitium, Litiocar, Neurolithiun
Divalproato de Sódio	Depakote
Gabapentina (AC)	Neurotontin, Progresse
Lamotrigina (AC)	Neurotontin, Progresse

Tabela 5. Principais Psicofármacos utilizados no tratamento do TB. (BALLONE, 2008).

Nas fases agudas da doença, porém, o papel do psicólogo é suportivo, restringe-se ao apoio, com técnicas de alívio do sofrimento que facilitem a adesão ao tratamento medicamentoso, deixando para segundo plano a necessidade de buscar ou discutir sentidos psíquicos para as crises, já que os sintomas intensos do paciente tornam improdutivo o processo terapêutico mais aprofundado. Após a fase aguda, se faz necessário um período de reabilitação, com foco na "psicoeducação".

Nesse momento, o acompanhamento psicológico costuma ser decisivo numa tarefa tão difícil quanto necessária: a reconstrução da vida pessoal após um episódio afetivo, já que após uma ocorrência grave da doença é comum que a pessoa se sinta emocionalmente muito afetada. Ao melhorar, se constata que a vida profissional e a social podem ter sido seriamente abaladas e relacionamentos com conjugue, filhos, amigos e família de origem, deteriorados. Nos casos mais graves, é necessário o auxílio de um acompanhante terapêutico ou de um terapeuta ocupacional que ajude a pessoa a recobrar habilidades simples, como tomar banho sozinho ou ir ao banco sacar dinheiro.

Manutenção de Primeira Escolha

a) LÍTIO: Há boa evidência que indica o lítio como monoterapia no tratamento de manutenção do TB. Uma metanálise de estudos conduzidos antes de 1990 sugere que a magnitude do efeito profilático do lítio é maior para prevenção de episódios maníacos do que episódios depressivos. Isso foi confirmado em ensaios clínicos recentes, que mostraram claro benefício na prevenção da mania, mas não na depressão. O lítio também tem propriedades antisuicídio. Parada rápida da terapia com Lítio está associada com altas taxas de recaídas em pacientes bipolares, mesmo após boa resposta e um bom período livre de episódio agudo. Se o lítio for descontinuado, isso deve ser feito gradualmente. (GOODWIN & JAMISON,1990 apud GORENSTEIN, 1999).

b) LAMOTRIGINA: Ensaios clínicos demonstraram a eficácia de *Lamotrigina* para prevenção de recaída do TB em pacientes com episódio mais recente maníaco, depressivo, ou cicladores rápidos.

A *Lamotrigina* tem eficácia superior ao placebo em uso prolongado para episódios maníacos. Esta droga não deve ser usada como monoterapia para pacientes bipolares se a prevenção de recaída de mania é o maior objetivo. Lamotrigina parece apresentar benefícios para os pacientes com TB tipo II com ciclagem rápida, e, em alguns casos, a monoterapia com *Lamotrigina* é adequada.

c) ÁCIDO VALPRÓICO: Embora um ensaio clínico randomizado não tenha mostrado que o *Ácido Valpróico* é superior ao placebo na prevenção de recaída de episódios bipolares, em outros ele foi tão efetivo quanto o Lítio nem a *Olanzapina* na prevenção de novos episódios. Neste ensaio clínico negativo, nem o lítio nem o *Ácido Valpróico* mostraram superioridade na medida primária de eficácia. Contudo, uma subanálise mostrou que *Ácido Valpróico* foi superior ao placebo em pacientes severamente doentes. Como os estudos-cegos e um estudo aberto controlado mostraram equivalência do *Ácido Valpróico* e das drogas ativas comparadas, junto com a grande experiência e excelente tolerabilidade desta medicação, o *Ácido Valpróico* deve ser considerado como primeira linha de tratamento. (KUKOPULOS et al., 1980 apud Ibidem);

d) OLANZAPINA: O tratamento com *Olanzapina* reduz significativamente as taxas de recaída de episódios depressivos e maníacos comparado ao placebo e é tão efetivo quanto o *Ácido Valpróico* e o *Lítio* no prolongamento da remissão.

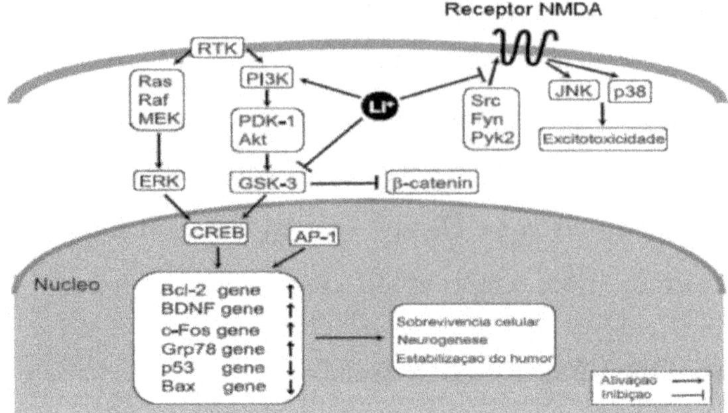

Figura 9. Mecanismos de neuroproteção do lítio. (WADA et al, 2005 apud ZUNG; MICHELON; CORDEIRO, 2010).

Manutenção de Segunda Escolha

a) **CARBAMAZEPINA:** Não há estudos em larga escala, duplo-cegos e placebos controlados que tenham investigado a eficácia da *Carbamazepina* no tratamento de manutenção do TB. Contudo, a maioria dos estudos, mas não todos têm mostrado que a *Carbamazepina* tem eficácia melhor do que o *Lítio* e pode ter uma eficácia profilática melhor do que o lítio em pacientes com apresentações de mania não clássicas (por exemplo, quadros incongruentes com o humor, comorbidades TB tipo II).

b) **OUTROS ANTIPSICÓTICOS ATÍPICOS:** O *Aripiprazol* prolonga significativamente o tempo para a recorrência e reduz significativamente o número de episódios do humor comparado ao placebo em um ensaio clínico de 6 meses. Contudo, uma subanálise mostrou que o *Aripiprazol* foi superior ao placebo na prevenção da mania, mas não da depressão. Por isso, até o presente momento, esta droga é recomendada como um tratamento de segunda linha para pacientes bipolares com episódios predominantemente maníacos. (KLEINDIENST et al., 2000 apud MACHADO-VIEIRA, 2003).

Não há ensaios clínicos duplo-cegos examinando a eficácia em longo prazo da Risperidona, Quetiapina ou Ziprasidona para o TB. Dados de estudos abertos sugerem que a risperidona pode ser efetiva na melhora sustentada do TB quando usada em combinação com Lítio, Ácido Valpróico ou Topiramato. Quetiapina em monoterapia ou com estabilizadores do humor e monoterapia com Ziprasidona também têm demonstrado melhoras a longo prazo em estudos abertos. (MACHADO-VIEIRA, 2003).

Manutenção de Terceira Escolha

CLOZAPINA: O tratamento combinado com *Clozapina* foi significativamente melhor do que o tratamento usual em um pequeno ensaio clínico randomizado de 6 meses. A evidência da literatura da esquizofrenia demonstra que a *Clozapina* tem propriedades antisuicidas, o que sugere o papel deste agente em alguns pacientes TB.

ECT: Evidências provenientes de série de casos sugerem que o ECT de manutenção (geralmente usado junto com medicação) é efetivo em reduzir hospitalizações no TB. Contudo, uma revisão concluiu que o ECT tem um efeito benéfico agudo, mas não em longo prazo na ideação/comportamento suicida em pacientes com transtorno de humor (SHARMA et al., 2001 apud Ibidem).

Manutenção Não-Recomendada

BENZODIAZEPÍNICOS: Uma avaliação sistemática dos Benzodiazepínicos como agentes profiláticos no TB nunca foi conduzida, mas fatores como dependência, ansiedade de rebote, prejuízo de memória e síndrome de descontinuação falam contra seu uso por longo prazo. Portanto, a ausência de eficácia profilática e os riscos associados ao uso em longo prazo não indicam esta medicação no tratamento de manutenção do TB.

Terapia Combinada

Terapia combinada é uma importante opção para pacientes que não tenham respondido a um tratamento com uma monoterapia de primeira linha. Contudo, não há comparações sistemáticas da monoterapia contra o uso de tratamentos combinados, e há pouca evidência para recomendar uma combinação sobre a outra. Combinações que têm mostrado eficácia incluem: Lítio + Ácido Valpróico ou Carbamazepina; assim como Lítio ou Ácido Valpróico + Olanzapina ou Risperidona. Não há dados disponíveis sobre Lítio + Lamotrigina, mas essa combinação é recomendada com base nos seus efeitos profiláticos confirmados como monoterapia. (TONDO et al., 1997 apud SOUZA, 2005).

Monoterapia Com Antidepressivos

Embora antidepressivos tenham eficácia nos episódios depressivos agudos, uma revisão com 7 ensaios clínicos randomizados de antidepressivos (predominantemente os tricíclicos) como monoterapia ou em tratamento combinado conclui que eles não são efetivos na prevenção de episódios futuros. Em um estudo de manutenção de 1973, episódios maníacos ocorreram em 12% dos pacientes que usavam lítio, 33% nos pacientes com placebo e 66% nos pacientes que usavam monoterapia com Imipramina associada a estabilizadores do humor tiveram virada maníaca, comparados com apenas 11% daqueles que estavam randomizados para um tratamento combinado com Bupropiona (SACHS et al.,1994 apud CLEMENTE, 2015).

Estes dados claramente sugerem que os tricíclicos desestabilizam o curso do TB quando utilizados em monoterapia com ISRS para o tratamento de manutenção do TB. Contudo, em um ensaio clínico de 1 ano, comparando lítio, Ácido Valpróico e placebo, em que os pacientes recebiam ISRS para episódios depressivos, uma proporção significativamente grande de pacientes descontinuaram o estudo no grupo de ISRS + placebo comparado com o grupo de ISRS + Ácido Valpróico. Além disso, monoterapia com ISRS também não é recomendada para tratamento do TB. (GYULAI et al.,2003 apud Ibidem).

Intervenção	Mania aguda	Depressão aguda	Manutenção	Estudos
Lítio	+	-	+	Geddes *et al.*, 2004
Valproato	+	-	+*	Bowden *et al.*, 1994, 2000
Carbamazepina	+	-	+**	Weisler *et al.*, 2004; Greil *et al.*,1997; Hartong *et al.*, 2003
Antidepressivos	-	+***	-	Gijsman *et al.*, 2004
Lamotrigina	-	+	+/-	Calabrese *et al.*, 1999; 2003
Olanzapina	+	-	+	Tohen *et al.*, 2003
Risperidona	+	-	-	Hirschfeld *et al.*, 2004
Ziprasidona	+	-	-	Keck *et al.*, 2003
Aripiprazol	+	-	-	Keck *et al.*, 2003

+: evidência de eficácia; -: sem evidência de eficácia; +/-: sem eficácia na profilaxia da mania, mas com eficácia na profilaxia da depressão; +*: embora o valproato seja eficaz, há evidências da superioridade do lítio; +**: embora a carbamazepina seja eficaz, há evidências da superioridade do lítio; +***: embora antidepressivos sejam eficazes no tratamento agudo da depressão bipolar, podem precipitar a virada para mania ou agravamento de certos quadros.

Tabela 6. Tratamento de monoterapia no Transtorno Bipolar: intervenções baseadas em ensaios clínicos randomizados. (GOODWIN, 2003 apud KAPCZINSKI, 2009).

Medicamentos	Ganho de Peso	Síndrome metabólica	Dislipidemia	Efeitos neurológicos	Reações dermatológicos
LÍTIO	++	+	+	-	-
ACIDO VALPRÓICO	+++	+	+	Em Gravidas	Rash
LAMOTRIGINA	-	-	-	-	Rash, SSJ, Risco 14 x maior
CARBAMAZEPINA	-	-	-	-	rash, SSJ
OLANZAPINA	+++	++	OR 1.5	-	-
QUETIAPINA	++	++	OR 1.4		-
RISPERIDONA	++	++	OR 1.5	SEP	-
ZIPRASIDONA	-	-	-	SEP	-
ARIPIPRAZOL	-	-	-	-	-
CLOZAPINA	+++	++	OR 1.8	-	-
A. TIPICOS	+	+	OR 1.2	SEP	-

+++ = grande probabilidade, - = probabilidade pequena. **SSJ** = síndrome de Stevens Jonhson. **SEP** = síndrome extrapiramidal. **OR** = probabilidade de que o evento aconteça, se for maior que 1.

Tabela 7. Resumo dos Efeitos Colaterais de Drogas Usadas no Tratamento de Manutenção do TB.(KETTER, 2010 apud ABP, 2012).

Outros Agentes

Estudos abertos e dados preliminares sugerem o uso combinado com Oxcarbazepina ou Fenitoína. Estudos abertos também sugerem eficácia do Topiramato adicionado os estabilizadores do humor, ou antipsicóticos atípicos. Tratamento combinado com Gabapentina foi efetivo para alguns pacientes que responderam a este agente na fase aguda, mas 30% dos pacientes tiveram perda de eficácia com o passar do tempo. Em um ensaio clínico de 4 meses, o ômega-3 prolongou o tempo de remissão comparado ao placebo. Flupentixol parece não ter eficácia profilática nos pacientes com TB. Agentes como Gabapentina, Topiramato e bloqueadores de canal de cálcio têm sido investigados para o uso no TB, mas não existem dados suficientes recomendando seu uso em monoterapia. (Stoll et al., 1999 apud MACHADO-VIEIRA, 2007).

O uso clínico das citocinas e dos neuropeptídeos poderia também representar novos alvos potenciais para o desenvolvimento de novos tratamentos farmacológicos para transtornos de humor. Recentemente, antagonistas específicos do receptor não-peptidérgico galanina GAL3 (SNAP-37889 and SNAP-398299) revelaram propriedades antidepressivas, mas que ainda necessitam ser confirmadas por estudos clínicos controlados. Apesar de carecerem de reprodução em novos estudos controlados, a fenitoína, a oxcarbazepina, o leviracetam, o topiramato e altas doses de potencialização da tireóide podem ter efeitos terapêuticos no TB (seja na mania, na depressão ou na terapia de manutenção), e podem também representar terapias de potencialização promissoras para o TB refratário. Outras opções efetivas para casos resistentes ao tratamento incluem os inibidores da monoamino-oxidase.50 O tratamento somático pode também ter um papel na terapêutica da depressão resistente ao tratamento, incluindo a estimulação do nervo vago (ENV), a estimulação magnética transcraniana (EMT), e a estimulação cerebral profunda (ECP). (OGREN, 2006 apud MACHADO-VIEIRA, 2007).

De forma similar, a terapêutica da depressão bipolar é um tópico desafiador e crítico e que tem também sido associado a altos índices de casos resistentes ao tratamento. O uso de antidepressivos na depressão bipolar não está claramente estabelecido. A combinação de antidepressivo e estabilizadores de humor é amplamente utilizada, mas não foram claramente definidas a dose apropriada e a duração do tratamento dos diferentes agentes. Ainda que demonstrem uma eficácia considerável na depressão bipolar, os antidepressivos podem provocar a alteração da polaridade e alterações bruscas de humor, aumentando, dessa forma, o risco de ciclagem rápida e de transtornos de humor refratários. Em geral, tem sido proposto que os antidepressivos, lamotrigina ou topiramato (combinados com um estabilizador do humor), constituem tratamentos de primeira linha para a depressão bipolar I. Por exemplo, em um grande estudo (n = 191) duplo-cego, controlado com placebo, a lamotrigina apresentou uma eficácia antidepressiva superior em comparação ao placebo após sete dias. O topiramato também apresentou eficácia antidepressiva na depressão bipolar, na ciclagem rápida, na mania aguda e em episódios mistos resistentes aos tratamentos. Além disso, tem-se defendido o uso de uma estratégia de combinação com antidepressivos e um antipsicótico atípico, mas há falta de dados convincentes que demonstrem que a combinação é mais eficaz que o uso de um antidepressivo isolado. (VIETA, 2002 apud MACHADO-VIEIRA, 2007).

Muitas abordagens têm sido propostas para o TB resistente ao tratamento. É surpreendente que somente as psicoterapias tenham sido especificamente validadas em ensaios clínicos controlados em larga escala como tratamento adjuvante aos agentes farmacológicos. Ao longo da última década, abordagens psicoterapêuticas específicas têm sido estudadas, incluindo a psicoeducação em grupo, o tratamento focado na família (TFF), a terapia cognitiva (TC) e a terapia interpessoal e de ritmo social (TIRS). Essas abordagens são testadas conjuntamente para validar sua eficácia em uma estrutura específica e desfechos-alvo propostos, incluindo a diminuição no número de episódios e de sintomas subsindrômicos, maior aderência ao tratamento e melhor funcionamento social. Na mania aguda, estudos aleatorizados, duplo-cegos, controlados com placebo, demonstraram que a olanzapina e a risperidona, em combinação com lítio ou valproato, induziram uma melhora superior em comparação a um estabilizador de humor isolado. (MACHADO-VIEIRA, 2007).

Referências

ALCANTARA, Igor et al . **Avanços no diagnóstico do transtorno do humor bipolar.** Rev. psiquiatr. Rio Gd. Sul, Porto Alegre , v. 25, supl. 1, p. 22-32, Apr. 2003.   Available from <http://www.scielo.br/scielo.php?script=sci_arttext&pid=S0101-81082003000400004&lng=en&nrm=iso>.   access on 31 Mar. 2018. http://dx.doi.org/10.1590/S0101-81082003000400004.

ALDA, Martin. Transtorno Bipolar. Rev. Bras. Psiquiatr., São Paulo , v. 21, supl. 2, p. 14-17,   Oct.   1999   .   Available   from <http://www.scielo.br/scielo.php?script=sci_arttext&pid=S1516-44461999000600005&lng=en&nrm=iso>.   access   on   03   Apr.   2018. http://dx.doi.org/10.1590/S1516-44461999000600005.

Associação   Brasileira   de   Transtorno   Bipolar. Disponível   em: < http://www.abtb.org.br/transtorno.php >. Acesso em 03 Abr. 2018.

BALDAÇARA, Leonardo. **Transtornos Mentais.** Palmas, 2015.

BALLONE,   GJ.   **Estabilizadores   do   Humor.**   PsiqWeb.   Disponível   em www.psiqweb.med.br >. Acesso em 03 Abr. 2018.

BALONNE, GJ. **CID-10 - Classificação Estatística Internacional de Doenças e Problemas   Relacionados   com   a   Saúde.** Psi.Web.   Disponível   em: < http://www.psicologia.com.pt/ >. Acesso em 03 abr. 2018.

BALONNE, GJ. **DSM-V - Manual de Diagnóstico e Estatística das Perturbações Mentais.** Psi.Web. Disponível em: < http://www.psicologia.com.pt/ >. Acesso em 03 Abr. 2018.

BARLOW, David H. DURAND, V. Mark. **Psicopatologia: uma abordagem integrada.** 4ªEd. Trad.: Roberto Galman. São-Paulo: Cengage Learning, 2008.

BOSAIPO NB, BORGES VF, JURUENA MF.**Transtorno Bipolar: uma revisão dos aspectos conceituais e clínicos. Medicina** (Ribeirão Preto, Online.) 2016;50(Supl.1),jan-fev.:72-84. Disponível em:< http://revista.fmrp.usp.br/2017/vol50-Supl-1/SIMP8-Transtorno-Bipolar.pdf>. Acesso em 03 Abr. 2018.

CLEMENTE, Adauto Silva. **Concepções dos psiquiatras sobre o Transtorno Bipolar do humor e sobre o estigma a ele associado**. Belo Horizonte: FIOCRUZ, 2015. Disponível em:<http://www.cpqrr.fiocruz.br/texto-completo/T_82.pdf >. Acesso em 03 Abr. 2018.

DEL PORTO, José Alberto. **Conceito e diagnóstico**. Rev. Bras. Psiquiatr. São Paulo, v. 21, supl. 1, p. 06-11, May 1999. Available from <http://www.scielo.br/scielo.php?script=sci_arttext&pid=S1516-44461999000500003&lng=en&nrm=iso>. access on 31 Mar. 2018. http://dx.doi.org/10.1590/S1516-44461999000500003.

DELGALARRONDO, Paulo. **Psicopatologia e semiologia dos transtornos mentais**. Porto Alegre: ArtMed, 2000.

DEL-PORTO, José Alberto; DEL-PORTO, Kátia Oddone. **História da caracterização nosológica do Transtorno Bipolar**. Rev. psiquiatr. clín., São Paulo , v. 32, supl. 1, p. 7-14, 2005 . Available from <http://www.scielo.br/scielo.php?script=sci_arttext&pid=S0101-60832005000700002&lng=en&nrm=iso>. access on 31 Mar. 2018. http://dx.doi.org/10.1590/S0101-60832005000700002.

Dicionário de Especialidades Farmacêuticas. São Paulo: JBM Farma, 2005.

FLECK, Marcelo P. et al . **Revisão das diretrizes da Associação Médica Brasileira para o tratamento da depressão (Versão integral)**. Rev. Bras. Psiquiatr., São Paulo , v. 31, supl. 1, p. S7-S17, May 2009 . Available from <http://www.scielo.br/scielo.php?script=sci_arttext&pid=S1516-44462009000500003&lng=en&nrm=iso>. access on 03 Apr. 2018. http://dx.doi.org/10.1590/S1516-44462009000500003.

GORENSTEIN, Clarice; SCAVONE, Cristóforo. **Avanços em psicofarmacologia - mecanismos de ação de psicofármacos hoje**. Revista Brasileira de Psiquiatria. Disponível em: < http://www.scielo.br/pdf/rbp/v21n1/v21n1a11.pdf >. Acesso em 03 Abr. 2018.

KAPCZINSKI, Flávio. **Tratamento Farmacológico do Transtorno Bipolar**. Porto Alegre: Revista de Psiquiatria Clínica. Disponível em: < http://www.hcnet.usp.br/ipq/revista/vol32/s1/34.html >. Acesso em 03 Abr. 2018.

KAPCZINSKI, Flávio; QUEVEDO, João et al. **Transtorno Bipolar: Teoria e Clínica**. Porto Alegre: Artmed, 2009.

KNAPP, P.; ISOLAN, L. **Abordagens psicoterápicas no Transtorno Bipolar**. Rev. Psiq. Clín. 32, supl 1; 98-104, 2005. Disponível em: http://www.scielo.br/pdf/rpc/v32s1/24418.pdf>. Acesso em 03 Abr. 2018.

LAMBERT, Kelly. KINSLEY, Craig H. **Neurociência Clínica: as bases neurobiológicas da saúde**. Trad.: Ronaldo Cataldo. Porto Alegre: Artmed, 2006.

LIMA, I.V.M.; Sougey, E.B.; Vallada Filho, H.P. **Genética dos transtornos afetivos**. São Paulo: Rev. Psiq. Clín., 2004.

LOUZÃ e ELKIS. **Psiquiatria Básica**. Artmed, 2007

MACHADO-VIEIRA, Rodrigo; SOARES, Jair C. **Transtornos de humor refratários a tratamento**. Rev. Bras. Psiquiatr., São Paulo , v. 29, supl. 2, p. S48-S54, Oct. 2007 . Available from <http://www.scielo.br/scielo.php?script=sci_arttext&pid=S1516-44462007000600003&lng=en&nrm=iso>. access on 03 Apr. 2018. Epub Aug 13, 2007. http://dx.doi.org/10.1590/S1516-44462006005000058.

MACHADO-VIEIRA, Rodrigo et al . **Neurobiologia do transtorno de humor bipolar e tomada de decisão na abordagem psicofarmacológica**. Rev. psiquiatr. Rio Gd. Sul, Porto Alegre , v. 25, supl. 1, p. 88-105, abr. 2003 . Disponível em <http://www.scielo.br/scielo.php?script=sci_arttext&pid=S0101-81082003000400010&lng=pt&nrm=iso>. acessos em 03 abr. 2018. http://dx.doi.org/10.1590/S0101-81082003000400010.

Manual Diagnóstico e Estatístico de Transtornos Mentais, 5° ed. (APA, 2018)

MEDPLAN. **O tratamento farmacológico do Transtorno Bipolar na infância e na adolescência.** Disponível em: < http://www.medplan.com.br/materias >. Acesso em 03 Abr. 2018.

MORENO, D.H.; MORENO, R.A. Rev. Psiq. Clín. 32, supl 1; 56-62, 2005. **Estados mistos e quadros de ciclagem rápida no Transtorno Bipolar**. Disponível em http://www.scielo.br/pdf/rpc/v32s1/24413.pdf>. Acesso em 03 Abr. 2018.

MORENO, Ricardo. **Novos anticonvulsivantes no tratamento do transtorno do humor bipolar: manejo clínico, eficácia e tolerância**. São Paulo: Revista de Psiquiatria clínica. Disponível em: < http://www.hcnet.usp.br/ipq/revista/vol26/n6/art288.html>. Acesso em 03 Abr. 2018.

MORENO, Ricardo Alberto; MORENO, Doris Hupfeld; RATZKE, Roberto. **Diagnóstico, tratamento e prevenção da mania e da hipomania no Transtorno Bipolar**. Rev. psiquiatr. clín., São Paulo , v. 32, supl. 1, p. 39-48, 2005 . Available from <http://www.scielo.br/scielo.php?script=sci_arttext&pid=S0101-60832005000700007&lng=en&nrm=iso>. access on 03 Apr. 2018. http://dx.doi.org/10.1590/S0101-60832005000700007.

MOTTA, Paulo. **Genética Humana: Aplicada a Psicologia e Toda a Área Biomédica**. Rio de Janeiro: Guanabara Koogan, 2005.

ANDREASEN, Nancy, C; BLACK, Donald W. **Introdução a psiquiatria**. Artmed: 2009

NETO, M. R. Louzã; ELKIS, Hélio. **Psiquiatria Básica.** Porto Alegre: Artmed, 2009.

OPAS (Organização Pan-Americana da Saúde). Disponível em: < http://www.opas.org.br/opas.cfm >. Acesso em 03 Abr. 2018.

RIBEIRO, Marcelo; LARANJEIRA, Ronaldo; CIVIDANES, Giuliana. **Transtorno Bipolar do humor e uso indevido de substâncias psicoativas**. Rev. psiquiatr. clín. São Paulo , v. 32, supl. 1, p. 78-88, 2005 . Available from <http://www.scielo.br/scielo.php?script=sci_arttext&pid=S0101-60832005000700012&lng=en&nrm=iso>. access on 31 Mar. 2018. http://dx.doi.org/10.1590/S0101-60832005000700012.

SANCHES, Rafael F.; ASSUNCAO, Sheila; HETEM, Luiz Alberto B. **Impacto da comorbidade no diagnóstico e tratamento do Transtorno Bipolar**. Rev. psiquiatr. clín. São Paulo , v. 32, supl. 1, p. 71-77, 2005 . Available from <http://www.scielo.br/scielo.php?script=sci_arttext&pid=S0101-60832005000700011&lng=en&nrm=iso>. access on 31 Mar. 2018. http://dx.doi.org/10.1590/S0101-60832005000700011.

SOUZA, F.G.M. **Tratamento do Transtorno Bipolar – Eutimia**. Rev. Psiq. Clín. 32, supl 1; 63-70, 2005. Disponível em:< http://www.scielo.br/pdf/rpc/v32s1/24414.pdf>. Acesso em 03 Abr. 2018.

TENG, Chei Tung; CEZAR, Luiz Teixeira Sperry. **Como Diagnosticar e Tratar Depressão** 2010. Disponível em:<http://www.moreirajr.com.br/revistas.asp?fase=r003&id_materia=4526 >. Acesso em 03 Abr. 2018.

TUNG, T.C. **Enigma Bipolar- Conseqüências, Diagnóstico E Tratamento Do Transtorno Bipolar**. São Paulo: MG Editores, 2007.

VIEIRA, Rodrigo. **As bases neurobiológicas do Transtorno Bipolar**. Porto Alegre: Revista de Psiquiatria Clínica. Disponível em: <http://www.hcnet.usp.br/ipq/revista/vol32/s1/28.html>. Acesso em 03 Abr. 2018.

ZUNG S, MICHELON L, CORDEIRO Q. **O uso do lítio no Transtorno Afetivo Bipolar**. Arq Med Hosp Fac Cienc Med Santa Casa São Paulo. 2010; 55(1):30-7. Disponível em:<http://www.fcmsantacasasp.edu.br/images/Arquivos_medicos/2010/55_1/08_AR3.pdf. >. Acesso em 03 Abr. 2018.

www.ingramcontent.com/pod-product-compliance
Lightning Source LLC
Chambersburg PA
CBHW072336270726
48659CB00022B/1736